China
チャイナシンドローム
日中関係の全面的検証
Syndrome

朱建栄 Zhu Jian Rong
上村幸治 Koji Kamimura

駿河台出版社

装丁・デザイン…………石山智博デザイン事務所

「不打不成交」——前書きに代えて

一本の河を挟んで二つの家族が向かい合って暮らしていました。おじいちゃんが若かった時、両家の間で包丁を使った傷害事件もありましたが、二世代若い人が出てくるほどの歳月が過ぎてから、村人たちが立ち会う中で仲直りのセレモニーを行いました。

その後は、半年に一度くらいの割合でお互いに訪ね合うようになりました。直接につながる橋もなく、遠回りしての行き来でしたが、互いにお土産を送りあったり、お金を貸しあったりしてすっかり仲良くなりました。村人たちの間でも、過去の怨念を忘れ、大人同士の付き合いをしている模範的な関係だと、評判もよかったらしいです。

三十年前から建設ブームが起こり、まず両家を結ぶ大きな橋が建てられ、行き来が頻繁になり、いっそう和やかな関係になりました。片方の孫息子ともう一方の孫娘が親に黙ってデートもしていたようです。

近年になって、建設がさらに進み、河はついに埋め立てられました。二つの家族はその間に、他人に入られたくないという思いで埋立地をそれぞれ買い取り、両家の土地がついにつながりました。文字通り、水入らずの関係になりました。両家はこれでもっと親密な関係になるのだろうと、誰もが思いました。その両家の提携によって村の一大勢力になるのではと囁かれていました。

ところが最近になって、どうも様子がおかしくなってきました。最初は片方の家が夜通しでカラオケをして、片方からクレームをつけられるという些細なことで不愉快になりました。その後、土地の境界をめぐって言い争ったり、相手の庭の木が日を遮ってこちらに陽が当らなくなったなどといって騒ぎ、ついには両家の妻子も巻き込んでの、隣近所にまで聞こえるような大声での大喧嘩も起こりました。

一体二つの家族の間で何が起こっているのでしょう。村人たちも心配になり、それぞれの話を聞くことにしました。しかし、一段と訳が分からなくなり、双方の言い分に大きなすれ違いがあることにみんな驚きました。「あの家族と隣同士になるべきではなかった」と悔む声も出ました。また、おじいちゃん世代の怨念も一方の孫によって取り上げられ、いつの間にか、過去のことが喧嘩の主な内容になりました。激しい議論をした日の夜、両家の人々は同じことを考え込んでいました。どうしてかつて河を挟んでいた時は仲がよかったのに、隣同士になってから却って仲が悪くなったんだろうと。

以上の拙い例え話が指すものを、読者のみなさんは、言われなくてもどの国同士のことか、お分かりでしょう。日中関係はまさにこのように、緊密化してから却って矛盾と摩擦が表面化するようになりました。二、三十年前のような交流が余りなかった時よりも、互いの感情が悪くなっています。両国の国民とも、相手との関係を今後どうすればよいか戸惑うことが多くなり、感情論も出ています。

おそらく河を挟んで半年に一回しか会わない関係であれば、互いの違いを表に出さず、礼儀作法を守り、和やかな雰囲気も見せられたのでしょう。しかし、ひさしがつながり合う隣同士の関係になると、考え方の違いも家庭の中のどろどろした生臭さも互いに隠すことができなくなり、土地の境界線や庭木で出来る影の問題などといったことで、トラブルが起こりやすくなるのです。さらに両家の行儀作法や考え方が全く異なることに初めて気づきますが、どちらも往々にして自分の家のやり方が正しいと思いがちなので、自分の予想と違う相手の対応に対して苛立ちが一段と強まってくることも無理はありません。

この本は長年中国担当記者を務めた上村さんと、ちょうど二十年間日本を拠点に研究をしている私との対談です。読んでいただければ分かりますが、この対談はまさに異なる発想、問題意識のぶつかり合いの連続です。時には互いに感情的な表現に堪え切れない一面も見せました。しかし、日本の諺で「雨降って地固まる」というように、中国でも「喧嘩をしなければ良い友人になれない」(不打不成交)と言います。双方の率直な考えをぶつけ合ってそこで初めて相互理解が深まり、共通認識や共同で問題に取り組む可能性が生まれてくるのです。

日本と中国は互いに引っ越すことのできない隣国同士です。今、経済、文化、人的交流の面では、切っても切れないような関係が出来上がりつつあります。日本とアメリカとの関係、仏独に代表される欧州連合(EU)内部諸国間の関係も、「不打不成交」の過程を経験してきたのです。日中両国も、日米、仏独関係に見習って、まずは相互理解を深め、その上で共通項の拡大を目指し、真の相互信頼関係を作るべきです。相互理解を進める過程においては、先入観を捨てて、時には耳の痛い話をぶつけあい、虚心坦懐に本音を語り合う必要があります。その意味で、今の日中間における摩擦は、長いスパンで見れば成熟した関係に向かうまでの一つの中間段階なのです。

この対談を通じて、二人とも、相手のことを知っているようで実は知らないことが多いのだなと感じました。二人はまた、重要な共通点を持っていることにも気づきました。すなわち、それぞれ自分の国と民族に誇りを持ちつつ、相手の国に敬意を表し、両国の問題点も一緒に率直に議論し合って、それを乗り越える方法を双方の努力で見出そうとすることです。

「不打不成交」。私はこのようなプロセスを重ねれば、日中が二十一世紀型の対等で友好協力的な関係に移行していけるという確信を持っています。今回の対談でより一層強く、そう確信することができました。

読者の皆様にも、私たちのこのような気持ちを共有して、辛抱強く読んでいただければ幸いに思います。

朱建栄

2004年夏、中国で開かれたサッカー・アジアカップで反日ブーイング事件が起き、観衆が日本の国歌演奏時にブーイングを起こしたり、日本人サポーターにごみなどを投げつけた。8月の北京での決勝戦で、日本チームが中国チームを3－1で下すと、スタジアムの外で中国の若者が暴れ、日本人を襲撃する騒ぎに発展した。写真提供◎ロイター・サン

2004年１月１日、羽織はかま姿で靖国神社参拝を終えた小泉純一郎首相。中国は、日本の首相がＡ級戦犯の祀られた靖国神社を参拝することは認められないと抗議し、激しく対立した(左)。1948年11月12日、極東国際軍事裁判(東京裁判)でＡ級戦犯として裁かれ、直立したまま絞首刑の判決を聞く東条英機被告(右)。写真提供◎毎日新聞社

2005年春の反日デモは、日本人の対中感情を決定的に悪化させた。4月16日、中国の若者が上海の日本総領事館などに石やペットボトルを投げつけたにもかかわらず、領事館を囲んだ中国人警官はこれを制止しようとしなかった。写真提供◎ロイター・サン

東シナ海ではガス田の開発をめぐって日中間の摩擦が起きている。中国側は、日本と中国の中間線のそばにある「天外天（日本名・樫）」ガス田に、ヘリポートや大型の構造物を備えたやぐら２基を建てた。東シナ海で2005年５月27日撮影。写真提供◎毎日新聞社

ガス田開発問題などを抱える東シナ海では、中国海軍が頻繁に軍事演習を行っている。2005年７月には、中国海軍の潜水艦の艦隊が演習を行う様子が撮影された。写真提供◎ロイター・サン

2005年11月、中国東北地方の吉林省で化学薬品工場の爆発事故が起こり，大量のベンゼンが松花江に流れ込んだ。事故後しばらくすると、川には巨大な魚の死骸が次々に浮かび上がった。ベンゼンはその後、黒龍江（アムール川）にも流れ込み、対岸のロシアにも被害を与えた。写真提供◎ロイター・サン

第1章

日中関係は
なぜ
悪化したのか?

靖国問題がこじれた本当の理由

――日本と中国の関係が悪化しています。小泉純一郎首相の靖国神社参拝で、日中の首脳の往来は停止しました。とりわけ、お互いの国民感情が悪化するという、極めて危険な状況になっています。その一方、経済交流はさらに拡大し、深まっています。

日中の関係はどうしてここまでおかしくなってしまったのか。これからどうすればよいのか。政治、外交、安全保障だけでなく、マスコミ報道のあり方や経済問題なども含めて、お二人に全面的に検証していただきます。

最初に、日中関係の政治面の最大の懸案になっている靖国問題から、話を始めたいと思います。

上村◉そうですね、日中間の大きな問題として、靖国問題から考える必要がありますね。まず、一番最近の動きから考えてみましょう。

御存知のように、小泉首相の靖国神社参拝に対し、中国が抗議し、首脳の往来を停止する騒ぎになっています。もちろん、一方で、なんとか日中関係を改善しなければいけない、靖国問題でも解決の糸口を探そうという動きも出ています。

そうした中、胡錦濤《こきんとう》国家主席が今年（二〇〇六年）三月三十一日に、日本の日中友好七団体の代表団（団長、橋本龍太郎元首相）を招き、北京で会見しています。そこで胡錦濤主席は、こんなことを言いました。

「日本の指導者がA級戦犯を祀《まつ》っている靖国神社をこれ以上参拝しなければ、いつでも首脳会談を開く用意がある」

もちろん中国は、これまでも同じようなことを言ってきたわけですが、いよいよ指導者が具体的な形で日本側に要求を突き付ける形になりました。しかもこの後に、唐家璇《とうかせん》国務委員が「これからの日本の指導者に対しても述べたものだ」というふうに話してですね、まだ今の時点（〇六年四月）では次の首相は決まっていませんが、次の首相、あるいは未来の首相に対しても、これを守らないなら首脳会談に応じないと言ってしまった。

日本側はこれに、非常に反発しています。小泉首相も批判しましたし、それから次の首相候補といわれる安倍晋三官房長官、麻生太郎外務大臣、谷垣禎一財務大臣も一斉に批判したわけですね。日本の新聞論調を見ても、これまで朝日新聞、毎日新聞、読売新聞は小泉首相の靖国神社参拝を批判しているわけですが、今回の発言については朝日新聞も「少しやり過ぎではないか」と指摘しているわけです。

つまり日本の中から、胡錦濤さんの発言に対する批判的な声が広範に出てきた、ということがあると思います。これについて、朱建栄先生はどうみておられますか。

朱◎日本の報道はみんな、胡錦濤さんが「小泉首相が靖国神社に行かなければ首脳会談に応じる」という一点に関心を集中させているわけです。日本の報道は常に、そのような、みんなが興味を持つ一点に集中させる傾向があります。

しかしですね、実際は、胡錦濤さんの談話をその場で聞いていた、例えば橋本龍太郎さんたちは、みんな冷静に受け止めて、談話は非常によかったと言っているわけですね。どうしてかというと、その談話の中に、少なくとも他に重要なメッセージがいくつも含まれていたからなんですね。

第一に胡錦濤さんは、中国にとって日中関係は最も重要な二国間関係の一つであると言っています。我々は常に日本を重視しているというメッセージを、改めて伝えています。

日本の一部の人たちは「我々は中国に馬鹿にされているのではないか」と言っているようですが、それは違うと思います。それが第一点です。

二点目は、中国の外交は平和外交だということですね。いまもこれからも、けっして外国に脅威を与えることはないと。諸外国が台頭する中国について懸念するところがあれば、我々はそれを傾聴し、そして丁寧に説明していく用意があるとも話しています。

三点目は、当面いろいろな問題があるけれども、我々は日本国民に責任があるとは思っていないし、恨んでいないということですね。つまり今の日中間の当面の困難な問題について、「我々はそれを二国間の『国民の対立』という図式には持ち込みたくないし、そう思っていない」ということを伝えたのです。

胡錦濤主席が今回七団体と会うということも、まさに日本の民間、国民との友好ということを重視した表れだというわけです。ほかの国との間にこのような形式で釈明し「重視する」メッセージを送る例はありません。そういうメッセージを伝えた上で、靖国問題に触れましたが、

①一般の日本国民が靖国神社へ自分の遺族を参拝に行くことに反対していないこと、

②首相の参拝についても「その個人の気持ちは分からなくはない。ただし、首相には外交の責任もある」と表明しています。中国指導者として、靖国問題についてここまで明言して中国サイドの立場を説明したのも今回が初めてだと思います。

このような説明をした上で、「靖国に行かないと表明すれば首脳会談に応じる」という、おっしゃるような話が出たわけです。そして、私の知っている限りでは、こうした話が出た裏にも、実はいろいろなやりとりがあったのです。

二月の後半に、中川秀直・自民党政調会長ら日本の与党訪中団が北京を訪ねてですね、中国共産党の中央対外連絡部（中連部）と交流しました。その場で中川さんが「中国が靖国神社の問題でリスクを取っていただけるなら、我々はそれに対して積極的に応《こた》える」というような話を伝えたわけです。

しかしどうも、与党間の交流ということでいろんな議員がいる場でしたから、中国側に結局どういうリスクを取って欲しいのかということを、充分に伝えられなかったみたいですね。

それで、日中民間の窓口である新日中友好二十一世紀委員会の会合が、三月二十日前後に京都で開かれたわけですけれども、その前にまさに胡錦濤さんのブレーンの一人である鄭必堅《ていひっけん》さん（同委員会中国側座長、中国改革開放フォーラム理事長）がわざわざ東京に来て、朝食会で中川政調会長らと話をしました。日本側の意見をもう一回聞こうということになったわけです。

それで中川さんが、相当丁寧に説明したんです。その内容というのは「中国の首脳にぜひ、小泉首相の在任中に会っていただきたい」というものでした。そうすれば日本は、小泉首相が残りの任期中に靖国神社に行かないようにすると、まあそういった趣旨の話を伝えたというわけです。

しかし中国側から見れば、かつての胡耀邦《こようほう》総書記も親日路線をとったために国内で批判を受けたわけですね。来年はまた、共産党大会も開かれる。これまでの四、五年間、中国側からすれば、もう何度も小泉首相に裏切られたという気持ちがあるのです。小泉首相はもう靖国神社には行かないのだろうと思っていても、その都度、行ってしまった。つまり、何度も同じようなことが繰り返されてきた。それに対して「いや、今回は信じて欲しい。先に中国の首脳が小泉さんに会っていただけるなら、我々はもう少し裏でいろいろとやる」と、中国側が先に一歩下がるという「リスク」をとって欲しい、というメッセージを送ったわけですね。

そしてそれに対して、中国側は急遽《きゅうきょ》、答を用意しました。今回の訪中団との会談の前に、新聞に中国側が用意した胡錦濤主席の談話の内容が出ていましたね。一部の記事に出た通り、元々その話に触れるつもりはなかったんです。それを、まさに日本側のメッセージに対する答えなんですが、直前になって入れたんですね。実際、中川会長からのメッセージに接したのはわずか十日前の話なんです。

まあ交渉の中でのメッセージの交換でもあるのですが。「これまで何度もA級戦犯を合祀した靖国神社に行ったことは不問にする」という「半歩」の譲歩を示しながら、「何も約束がないまま、我々が先に会うというのは極めて難しい」という、そのようなメッセージを伝えようとしたと思われます。そうやって、小泉さんが参拝しないという態度をとるならば、それはもう喜んで会う、ということを言ったわけですね。

付け加えて言いますと、中国はこれまで数年間裏切られてきたと言いましたが、特に一昨年（二〇〇四年）の暮れに、胡錦濤主席とサンディエゴで会ったときに、小泉首相は「善処します」という表現を使ったわけですね。普通に考えれば、善処という言葉を使っておいて、今まで通りということは、とても理解できないわけです。そのような表現をしたので、中国側も期待したわけですけれども、結局小泉さんは去年（〇五年）また参拝した。

そうした不信感を抱いている状態の中で、中国側はこのままでは会えないと。本当に会ってしまったら、来年、中国国内の内政問題になってしまう。そういう背景があって、今回の胡錦濤主席の発言が出たわけです。

しかしどうも、日本側はいま、この問題は内部で、日本の問題として解決したいとしている。外部に言われて参拝を止めるのはいやだと考えている。そういう気持ちが、胡錦濤発言を伝える報道に表れているというのは、それは分かります。

しかしですね、それにしても、日本政府の反応とマスコミの報道が胡錦濤主席の靖国問題に関する発言（の一部）に集中していることに、中国の学者の間では次のような分析が出ています。

一つは、日本の一部の勢力は、中国悪者論をずっと言い続けてきたので、中国指導者の「善意」を示すメッセージを日本社会に伝えたくなかったので、胡錦濤発言に関する注目の焦点をわざとそらしたこと、もう一つは、胡錦濤発言の全容（特に「個人の気持ちは分かるが、首相には外交の責任もある」との表明）がそのまま伝わると、おそらく日本国内で小泉首相の対応の是非について論争が集中するので、それを避けるために、焦点を「中国の内政干渉」にすりかえた、という分析です。

なぜ解決できないのか

上村●その分析については、あまりに日本のメディア、社会を理解しておられないのではないかと思います。日本のメディアがそろって、中国指導者の善意を示すメッセージを日本社会に伝えたくなかったとか、胡錦濤発言の全容が伝わると、論調が変わって小泉批判に火がつくなんていうことはない。

日本の人は、もっと醒めた眼で中国の指導者を見ていますよ。小泉さんの対応の是非については、中国指導者が言わなくても、すでにさまざまな議論が起きている。中国の学者さんは、もっとまじめに日本を研究しないといけないですね。日本のイデオロギー的に偏った学者とばかりつきあっているのかもしれない。

そういった問題はまた改めて話すとして、日本サイドとしてはですね、これからの焦点は、どういう時期にどういう形で靖国参拝を止めるか、凍結するかということになるわけです。次の首相が、今のまま（A級戦犯を分祀しないまま）、同じような形で参拝を続けていくというのは、おそらく難しいだろうと思います。

日本においても、対中関係を改善しなければならない、という機運が出てきているわけです。国民の世論調査でも、そういう声が強くなっている。それで、次の首相の時に何らかの形で解決しておかないと困る、ということはあるわけです。

ただ胡錦濤さんは、次の首相に対しても条件を付けたわけですね。つまり次の首相も含めて行ってはいけませんと言ったわけです。外交交渉でいうと、そういうことを言うと逆に日本も止めにくくなってしまうわけです。

なぜかと言うと、過去に靖国参拝を取り止めるにあたって、日本政府の公式な見解が出ているのです。中曽根康弘さんが首相だった一九八五年に靖国神社を公式参拝しましたが、翌八六年に参拝を見合わせていますね。官房長官だった後藤田正晴さんがその時、参拝を止めた理由というのを説明しているわけです。だから次に見合わせる時にも、多分これが一つの基準になると思うのです。

後藤田さんの発言の趣旨はですね、靖国神社にA級戦犯が合祀されていることで、戦争への反省と平和友好の決意に対する誤解と不信を生む恐れがある、近隣諸国の感情に配慮する必要がある、だから参拝を見合わせるということです。

談話は「政府としてはこれら諸般の事情を総合的に考慮し、慎重かつ自主的に検討、公式参拝は差し控えることとした。今回の措置は、公式参拝自体を否定ないし廃止するものではない」となっています。「自主的に」という点が入っているのと、これは公式参拝を放棄することではありませんという趣旨が入っている。これが政府の正式な見解だったわけですね。

そうすると「中国側から、参拝を止めたら首脳会談を行うと言って来たから止めます」というのは、後藤田さんの時の政府見解のラインを超えてしまうわけです。中国の要求に従う形で止めますというのではなく、私たちは自分たちの判断として止める、というふうにもっていくのが、外交的には一番いい方向であると思うわけです。

だけどそこを調整しないで「止めないと会わない」というふうに言ったらですね、日本としては逆に止めにくくなってしまうわけです。中国の新たな要求に屈したことになるのですから。

まして次の首相にも影響が及ぶとなったら、問題はさらに複雑になる。日本は次の首相が誰になるか分からない、その人がどういう判断をするのか分からない、その時点で国民の議論がどうなるか分からないのに、彼らの行動を全部縛るということになってしまうわけで、さらに参拝を止めにくくなってしまうわけですよ。

ですから私は、そういった形の議論の進め方というのは、極めてまずいのではないかと思うのですね。もう少し上手な方法が取れたのではないか、と思うわけです。

一番良い方法は、中国に言われたのではなく、後藤田さんによる八六年の官房長官談話の線に沿って「改めて自主的に慎重に判断した結果、国内での議論が分かれているので、何らかの結論が出せるまで参拝を凍結します、参拝は休みます」という形で出す。

そしてそれを中国側が評価して、首脳会談を再開するという形に持っていくのが、一番穏やかな方法ではなかったかと思うわけですね。でも、今回の胡錦濤主席の発言でそれが難しくなってしまいました。そうすると、今回中国側が参拝を止めなさいと言ってきたことに対してですね、日本として何をすべきなのかという話になってくる。何を求めるべきなのでしょうか。

私個人の考えですが、まず最初に、中国に首脳往来の停止という今の措置を放棄すると表明してもらわないといけない。もちろん、表明の形はいろいろあると思うのですが。さらに、できれば「歴史問題を今後、外交問題に絡めることはしない」と約束してもらう必要がある。

それからもう一つは、この間の外交交渉の中で、「政冷経涼」という言葉が中国側から出てきました。つまり政治関係が冷たい（悪いままだ）と経済に影響を及ぼしますよ、という風なことが中国側から言い出されてきたわけです。

これは日本から見れば、靖国参拝を止めないと経済に影響を及ぼしますよ、という風に、条件を付けられているような形になっているわけですね。

それを認めることはできないわけですね、日本としては。中国と日本は政治体制も違いますし、過去の戦争にまつわる歴史問題というものがあります。だからどうしても、政治的なトラブルが起きるわけですね、絶対に。そうした立場を乗り越えて経済交流を進めるために、政治の問題が経済とか民間の関係に影響を及ばさないように配慮していかないといけない、そういう原則を作っていかなくてはならないわけです。

そこで中国に対して、政経分離の原則を守りましょう、もしくは政治の経済に対する影響を最低限に抑えましょうと言ってきたわけです。まあ、中国は政経不可分ということを主張してきたわけですけれども。

こうした主張を中国が受け入れたら、日本としては、では中国の主張に沿って靖国参拝を止めましょう、という形になると思うのです。そういった複雑な構造になってしまっているわけです。

一番いいのは、胡錦濤さんが今回、靖国問題に触れないでおいて、日本が自主的に判断しますという形に持っていければ良かったのです。今回の胡錦濤さんの発言によって、それが非常に難しくなってしまったのではないかと、そういう風に私は思うわけです。

朱　中国側の問題というのは、やはりおっしゃるように、対日外交では大きな戦略を持っているようですけれども、やはりアプローチの仕方というのが、本当に日本の事情をよく理解しているのか、という部分はある。ちょっと荒っぽい部分があると思います。

特に江沢民国家主席の訪日（九八年）ですね、初めての国家首脳の訪日で歴史問題をいたるところで強調しました。中国国内のナショナリズムの台頭という新しい背景があるとはいえ、そういうところが日本で反発され、結果的には歴史問題の早期解決にプラスにならなかったと。私はその部分は確に問題があると思うのです。

一方日本側の問題は、今の話を受けて考えると、八六年の時点で、当時の日本は外交的な配慮をするということを自信を持って、心に余裕を持って言えたのに対して、今の日本はそれが言えなくなった、という変化があるのです。

私は二十年前、八六年に日本に来ました。八五年に中曽根首相（当時）が靖国神社に参拝した時、まだ中国にいたのですが、その時の対日批判は今回の比ではなかった。

小学校の壁新聞ですら、全部日本批判。バス停のところでも全部、対日批判の壁新聞が出ていて、靖国参拝は軍国主義の復活の一環であると指摘していました。中曽根首相が軍服を着て日本の刀を持っていて、その刃から血がしたたり落ちているという、そういう絵なんかを壁に貼っていたわけです。

何が言いたいかというと、当時の日本がそれにどう反応をしたのかということです。当時の日本社会に中国侵略への贖罪意識が比較的強かった背景もありますけれども、特に中国との国力の関係で、中国を見る目に余裕があって、まあそこを配慮してもいいのではないかという雰囲気があったのではないでしょうか。

実際、中曽根さんがその後でなぜ参拝を止めたのかというと、それはこの問題で胡耀邦《こようほう》総書記（当時）という日中友好論者の中国指導者を苦境に追い込みたくなかったと、そこまで言ったわけです。これは明らかに、相手に対する余裕ですよ。

しかし今、それが日本の中で、できなくなったのですね。今ここにきて、急に中国の胡錦濤さんが言うからダメだというよりも、今の日本はとにかく中国という相手にどんなことを言われるのもいやだと。そうなっているのではないですか。そこの変化というのが、私は背後にあると思うのです。

中国政府が二十年前、十年前よりももっと歴史カードを使って、靖国カードを使って日本に押し付けているというよりも、本当はかつてよりも表現は弱くなったにもかかわらず、日本の方が受け止められなく、耐えられなくなってきた。それも併せて見る必要があると思います。

一方の中国ですが、指導部としては少し冷静になってきましたが、十年前と比べて、いわゆる民間に中間層（中産階級）がでてきたのと、インターネットなど十年前では考えられなかったものがでてきたという事情があります。ですから首脳も、かつてのように、外交を国民と相談せずにそのまま進めることはできなくなったのです。

上村さんがおっしゃるように、靖国問題は中国に言われる前に、日本の国民自身が考えることです。ただし、もう一つの側面、この問題にはかつて侵略・植民地支配を受けた相手があるということも忘れてはなりません。実際、歴史問題の追及に関して、韓国の声は中国よりもっと厳しくなる場合がよくあるんですね、最近も含めて。

しかし日本が気にするのは、中国です。どうしてかというと、それは中国が大国として台頭しているからです。ですからこれは、受け止め方の問題ですね。

一方中国国内にも、原則論があり国内事情もあります。この間、戴秉国《たいへいこく》外務次官が、谷内正太郎外務次官と新潟で総合政策対話をした時に、それを話しています。国内指導部の一致した意見を、日本側に伝えたのです。第一に、我々は対日関係を重視するということ。胡錦濤主席がそう考えているということです。

第二に、靖国問題は避けて通れないということ。この問題が解決するまで、我々は十年、二十年でも待つ覚悟をしていますよということです。

しかし第三ですが、おっしゃるように、解決方法をめぐっては日本国民の感情もあるので、我々は配慮するということです。その用意は充分にある、ということです。

ですから今回の話はさっき言ったように、胡錦濤主席はわざと日本に押し付けてきたのではないのです。日本側からのメッセージに対する答えとして、わざと急いで入れたわけです。そこの受け止め方の問題だと思うのです。

では、どう解決すればいいのでしょうか。おっしゃるように、基本的には日本自身の自主的な形でですね、後藤田さんの談話のような形で対処するのが、本当は一番いいと思うのです。

私の知っている限り、中国外交当局は、日本が完全に外交的に押し切られるような形を受け入れないこと、仮に押し切られても今後にマイナスが残ることは分かっているのです。私の聞いた中国側の人は、一種玉虫色の解決でもよいと言っている。つまり日本側が内政的に打開策を見出し、結果的に外交問題の回避・緩和にもなった、というような方法でもよいと。それが本音のようです。

具体的にいうなら、A級戦犯の分祀の問題でも、いろいろ考え方はあるのです。たとえば、A級戦犯の十四人というのは、七八年に神社の名簿に記帳したわけですね。だったら、家族が分帳して、持って帰ればよいわけです。神社側は「いや、我々は分祀できない。魂は残っている」と、同時に主張していいのではないですか。分帳して家族が持って帰ったことと、神社側は神道流の解釈をする。これも一つの案ですね。

上村さんがおっしゃったのを第一案とすると、今私が言ったのは第二案ですね。

去年の夏ごろ、別のある神社が、我々のところに十四人のA級戦犯を移してここで奉祀《ほうし》の行事をやりますと名乗り出ました。「それで現役首相は今まで通りに靖国神社に行けるし、われわれは同じ神社の系統であり、亡くなってみんな神様になっているわけですから、神様は空を、この神社とあの神社の上を行き来するのは自由だ」という論理で主要奉祀神社への遷移を求めましたが、一説によると、そうなれば靖国神社への人気がみな別の神社に移ってしまうとの計算で抵抗があるらしいです。それはともかく、そういうようなさまざまな東洋式の打開方法があるはずです。

中国との問題は、小泉首相がとにかくいろんな理由、心の問題、文化の問題だなどと理由をつけて、相手との交渉に一切取り合おうとしなかったことです。そのために、ここ数年間で傷口を大きくしてしまったのではないでしょうか。

それはたしかに、靖国問題は基本的には日本国内の問題ですが、しかし外交問題の側面もあるのです。

小泉首相はこれまで、相手に対して何らかの配慮をしようとする気持ちを示さなかった。それで相手も、やはり自分たちの意見を言わざるを得ないとなったわけで、当初は日中指導者同士の一問題だったのが、対立が長引くことで双方の家族、すなわち両国民を巻き込んだ大喧嘩になり、互いに引っ込めなくなったのです。一種の相互の悪循環に陥ってしまったのではないでしょうか。

上村●私個人は、靖国神社に参拝すべきではないと思っているわけです、首相は。どういう理由かと言うと、そもそも日本国内で議論が分かれているわけです。首相の参拝の是非をめぐる議論がずっと前から日本で起きていて、いまだに結論が出ていないわけです。

まず、政教分離の問題がありましたよね。それはつまり、憲法で政教分離を規定しているので、首相の公式参拝は憲法違反ではないかという議論がずっとあるわけですね。ですから小泉さんは、私的参拝に切り替えていますけど、まずその問題が解決されていないわけです。

二番目に、遺族会の方々は、自分たちの親や親族が「死んだら靖国で会おう」と言って戦争に行き、そして亡くなったという事情を抱えているわけです。だから、戦争で国のために死んだ人に、どうして首相が頭を下げないのかと言う人もいるのです。一方で、靖国に祀《まつ》ってやるからお前たちは国のために死ね、と言われて非常にいやな思いをした人たちもいるわけですね。読売新聞の渡辺恒雄さんとか、保守的だといわれる人の中にも、そういう人はいるわけです。どちらの人の意見が正しいというのではなくて、違う意見の人がいて、それぞれに事情がある。

ですから本来、こんなに意見が分裂したままなわけですから、首相が参拝に行く時には、何よりもそうした事情に配慮しなければいけなかった。にもかかわらず、中曽根さんは八五年に公式参拝してしまったというのが一つの問題。でも、この時点では、これは日本の国内問題ですね。

その後、中曽根さんは、中国に配慮して、A級戦犯が祀《まつ》られているので行かないと言った。実際は、先ほども触れたように、胡耀邦さんに対する配慮で見合わせた。その結果、問題がさらに複雑化してしまったわけです。そうした複雑な状況の中で、小泉さんがまた参拝に踏み切ったわけですね。

それでも八〇年代は、日本の国民に中国に対する配慮があったのですが、今はもうそんな時代じゃない。中国は非常に大きくなっている。そうした要素があるからですね、日本もなかなか降りることができない、あるいは日本のナショナリズムが出てくるというような事態になってしまうわけです。

小泉首相が靖国にこだわった事情

――それにしても、そうして意見が分裂しているのに、小泉さんはどうして靖国参拝にこだわったのでしょうか。日本国民にとっても、なぜここまで頑張って靖国に行ってしまうのか、その理由がよく分からない。巷間いろいろ言われてはいます。選挙の時にお世話になった人たちがいらして、その人たちと約束したから、それを毎年守っているんだとか。い

ろいろ言われているけれど、それにしても、なぜ国益を大きく損なうようなことをするのか。それは彼が言うように、日本の文化なのか、それとも彼の宗教的心情が、本当にそこまで深いということなのでしょうか。

上村●小泉さんは二〇〇一年の自民党総裁選のときに遺族会に対して、自分が選ばれたら靖国神社に参拝すると言っていますから、それが理由であろうと言われていますよね。

ただ同時に、彼自身の心の中で、やはり国のために戦争で亡くなった人に対する配慮はしなければならないという考え方が、どこかの時点で育ってきたという見方もあります。知覧の特攻隊記念館を参観した頃から、そういう気持ちが固まったという見方もあります。まあ、それこそ心の中の問題だから、本人にしかわからないのですが。

いずれにせよ、二〇〇一年八月十三日に、首相になって初めて参拝するわけですが、その時にもいろんな議論が起きました。本人は終戦記念日の八月十五日に参拝しようとしたのですが、いろんな提案、アドバイスを受けて、十三日に前倒ししたわけですね。ですから前倒しをすれば中国は納得してくれるだろうと、彼は思ったのではないでしょうか。

だけど十三日に前倒しをしても、やはりこれからも行ってもらっては困るという指摘が出て、ここでやはり少し感情的な問題が生じた。これはその後、日本の新聞でも詳しく報じられていますね。十五日から十三日に妥協した、こちらが譲歩したのに、中国側はまだ文句をつけるのか、となったわけです。

朱●それについて、少しだけ触れておきたい。正確に言うと、中国が問題認識を出したのは、二回目の参拝以降ですよ。

おっしゃるように、一回目の参拝で譲歩したことで、中国も配慮をしたのでしょう。だから直後の十月に、盧溝橋経由で北京に小泉首相を招待したわけです。そして中南海で握手して、江沢民《こうたくみん》主席は、「これで日中間の上を覆っている黒い雲は過ぎ去った」と言ったのです。

それは何を言おうとしたのかというと、中国は建前論は言うのですが、実際に考えているのは、おっしゃるように、日本国内の遺族会やいろいろな感情もあると。言ってみればもう、中曽根さんも橋本さんもみな一回は行ったと。

つまり中国は、一回ということについては、批判はするのですが、ぎりぎりでの妥協ということで黙認したんですね。前も行っているのですから。

二〇〇一年七月はまた参議院選挙があったのですね。小泉首相は選挙期間中に「靖国神社に行く」と繰り返して語っていたので、直後に止められない首相の立場もあると、そこの部分は、中国側は、口では言わないにしても、「今後に行かなければよい」との暗黙の了解で小泉首相を北京に招くという配慮をしたのです。問題は二回目以降ですよね。

上村●ただね、まあ二回目以降も問題はありますけれど、一回目について言うと、どうして八月十五日の参拝を前倒しさせたのか、つまり変更させたのか。

八月十五日に行かせておいて、一回にしてくれと申し入れたのであれば、小泉さんの面子も立つし、小泉さんも遺族会に対する約束を果たせたわけです。二回目からは行かない、ということであれば、問題は起きなかったわけですよね。

どうしてあの時に中国側は、八月十五日に行かせなかったのか。要するに外相だった唐家璇《とうかせん》さんが「行くなと言明しました」と話した様子がニュースで伝えられて、日本では「外国の首相に厳命するとは何事だ」という反応も出たりして、非常に大きな問題になったわけですよね。

朱●先ほど言ったように、日本はここ数年、確かに国民の忍耐力が弱くなったんですね。中国から少し刺激的な話が出てくると、中国のこういう話は気に入らない、あるいは耐えられないというような反応が出てくるようになりました。唐家璇《とうかせん》さんが使った表現は「言明」であり、「厳命」ではないことは、政府関係者はもちろん、常識的にも分かるのですが、言葉の遊びに走ったのですね。八月十五日を外した背景に、連立与党の公明党から相当言われたことも関係すると、最近、冬柴鉄三公明党幹事長はテレビで話していました。

韓国は、大統領を含めてはるかに中国より厳しい表現を使っているのですよ、感情的な表現を。韓国大統領は、「日本の隣国として隣にいるのは不幸だ」と、そこまで言うわけです。しかし日本は、気にしないのです。ですからそこが、結局受け止め方の問題が一つあると私は思うのです。

二番目に中国は原則を重んじる国なので、八月十五日というのは、まさに戦争終結という戦争との関連の日であるとみています。中曽根首相はまさにその日に公式参拝をしたこともあって、中国の反発はさらに激しくなりました。「どうしても一回限りで靖国に行くという日本国内の事情でやるなら、その日をはずすべきだ」として、いわば外交上の妥協を求めたわけです。八月十五日に行くということは、中国とすれば、これこそ政治の重大な意味であるということです。

「もちろん他の日に行くということも我々は問題にする。しかし八月十五日に行くならば、我々はこれをただの歴史問題としてだけでなく、日本現役首相の第二次世界大戦に対する認識の問題として重大に受け止める」というのが中国側の認識です。今年も八月十五日に参拝する話がありますが、「九月が国連の総会ですから、第二次大戦当時のファシズムを否定した国連憲章に基づいて日本の現政権の対応を批判する決議を出す」と主張する学者もいると聞いています。

ですから、八月十五日ということの政治的な意義、意味というものについて、私は日本の理解が不十分であったのではないかと思いますね。

日本を理解できない中国

上村●僕はそこはむしろ逆で、中国が日本を理解していなかったのではないかと思いますね。

第二次大戦の戦死者に頭を下げに行く、その場合、日本は八月十五日を終戦記念日にしています。この日は、二度と戦争を起こさないことを日本人が誓いあう日でもありますからね。戦争に負けた復讐をしようとか、A級戦犯を称える日じゃないということを、少しでも日本に住んでいる人は理解してくれると思います。

中国では抗日戦争勝利の記念日は九月三日ですね。この日に行ったら、中国は「どういう意図があるのか」と疑うかもしれませんがね。

それで小泉さんの場合は、中国がまだ参拝していない段階で、「もうとにかく行くな、八月十五日に行くな」というふうな形で話をもってきた。

普通に考えるとですね、もし小泉さんが参拝した場合、それに対して抗議するというのは分かるわけですね。でも行く前から、まだ決まっていない時に「行くな、行くな」と言ってくるとですね、やはり日本としてもなかなか対応が難しくなるわけですね。まして小泉さんですからね。行くなと言われたら、意地でも行こうとする。

ですから一番穏やかにしようと思えば、八月十五日に一回行った。それに対して中国が抗議をした。そして小泉さんは、「それでは八六年の後藤田談話に戻って、次からは慎重に配慮します」と言って、自分の判断で見合わせるようになれば、少なくとも問題はここまでこじれなかったわけです。

現実に日本の中では、やはりあの時の判断、前倒しにした中途半端なことをしてしまったことが、日本の中でも引くに引けなくなるような状況を生んでしまったのではないか、という見方がありますね。

まあ、これはあくまで駆け引きに焦点を当てた話です。実はこの件では、もう一つ大きな問題が別にあるのです。

小泉さんが初めて参拝した直後、9・11（米国同時多発テロ）が起きて、やはりもうそんな、日中で争っている時期ではないということで、小泉さんが中国に行きましたね、秋に。そして盧溝橋に行って、過去の戦争の問題を、謝罪したわけです。

それで江沢民国家主席（当時）も非常に評価されたわけですが、その後また次の年に、小泉さんが四月に参拝をして、江沢民さんが激怒した。「小泉首相はこのことを簡単に思ってはいけない。私は絶対に容認できない。政治家は発言の信義を守らなければならない」ということを、公明党代表団の神崎武法代表におっしゃったわけですね。

この時にどうも誤解が生じたのではないか、という見方があるわけですね。つまり小泉さんは、盧溝橋に行って謝ったことによって、中国から靖国問題についての理解を得られたと考えた。

江沢民さんは逆で、小泉さんが来て盧溝橋で謝罪したことによって、要するにもうこれからは中国に配慮をして行きませんという風に約束してくれた、と受け止めたわけです。

これは、外交当局同士がちゃんと裏で、水面下でお互いの本音というのをきちんと伝え合わなければいけなかったのに、どうもそれが伝わっていないわけですね。ですからお互い、全く違うシグナルで受け止めてしまった。

だからその次に小泉さんが行けば、それは中国は怒りますよね。小泉さんにすれば、何でそこまで言われるんだという風になってしまう。

そこで私は、感情的なものが、指導者レベルの間で非常に感情的な問題が生じたのではないかと思うんですよ。それから後は、もうずっと悪くなっていくわけですね。解決の糸口が、もういろいろな提案が出てもうまくいかなくなってしまって。

だから私は、あの時になぜきちっと日中の間にそのような意思の疎通ができるパイプがなかったのか、そこのところが大変に困った問題なのではないかと思います。

朱 ●後半の分析ですね。そこは同じ見解です。まさにそこからこじれて、ますます難しくなっていますね。互いに引くに引けなくなってきて、ボタンのかけ違いでさらにその問題が悪化したと。そこは同じ考えです。

しかし問題は、やはり一回目の参拝にもあって、いま「当時八月十五日に行っていれば、後は問題にならなかった」とおっしゃいましたね。この見解は、正直に言うと、後でつけた解釈でしかありません。第一に、本当に小泉さんがそういう風に言ったかどうかという問題がある。第二に、その後の小泉さんの発言から見れば、これは矛盾するのです。彼が常に言っているのは、「私は個人の心情で行った。日本の文化だ」ということです。

文化で行くのに、なぜ八月十五日に参拝しなければならないのか。個人の心情で行くならこっそりと行けばよいわけです。私の聞いた中国の外交責任者の話では、宮澤喜一氏も首相在任中に一回行ったといいます。本当に我々中国に伝わらない形で行ってしまったら、これは外交問題にもならなかったと、ここまで言っているのです。

つまりそれが外交問題になるから、中国は対応せざるを得ない、というわけです。では当時八月十五日に行っていれば、もう首相としては行かなくてすんだのか。

今度は逆に、最初のときに八月十五日に行っていたら、中国の方で済ますことができなかったのです。その年に強烈な反応をせざるを得なくなって、その年の十月の小泉首相の中国訪問もできなくなっていたでしょう。

ですから、そこのところも併せてみる必要があるのです。おっしゃるように、中国はまず原則ということを考えます。外交面でも何が重大な政治倫理かを考える。日本はむしろ、具体的な対応の問題として考える。そこの部分が違うのかもしれない。

靖国についていうなら、厳密に言えば中国はいまA級戦犯ということを問題にしているわけです。しかし日本側は、特に小泉首相は、心の問題、文化の問題であると言っている。

歴史を外交のカードに使った?

朱●中国はたしかに、江沢民時代はなんでもかんでも外交問題に絡めていく傾向があったかもしれない。中国として、日本の内部、内政への配慮もある程度は必要だと思います。しかし靖国問題は、完全な内政ではありません。A級戦犯というのは、そもそも日本自身が決めたものではないのです。極東国際軍事裁判(東京裁判)が決めたものであり、日本は戦後の国際社会への復帰に際して、それを受け入れたわけです。ですからそこの部分を無視して、小泉首相が国内の問題だと言ってですね、外交は関係ないというのは、それは問題です。

上村●外交問題に絡む部分について、ちょっと反論しておきます。小泉さんが二〇〇二年四月に二度目の参拝を行って大変な騒ぎになって、感情的にしこった後にですね、中国は首脳の往来停止というのを、まあ、なし崩し的にではありますが、始めたわけですね。

首脳の往来の停止というのは、外交的に言うと制裁的な色合いの強い対応なんですね。こういう措置を取ることで、中国自身がこれを外交問題として大きくしてしまったという側面があると思うのです。歴史観に関する問題ですから、抗議するのはいいのですが、それだけでなく制裁的な対応措置を取った。

それからもう一つの大きな問題は、二〇〇四年の九月に、日本経団連の奥田碩会長たちが中国を訪問した時に、温家宝首相が政治の冷却は経済など他の分野に「影響を及ぼしかねない」ということをおっしゃっている。

つまり靖国に参拝を続けたら、日中経済に影響を及ぼしますよ、という風に言ったわけです。こういった形で靖国問題をカードにしてしまうと、問題はさらに解決が難しくなってしまうのではないかと思うのですね。

どうしてそういう風な対応を取らなければいけなかったのか。抗議されるのはいいわけですね。そして抗議を受けて小泉さんが「では配慮をしましょう」という風にもっていくのはいいのだけれど。まあ、ある種圧力をかけるとですね、日本も、これはもう外交問題になっているわけですから、外交というのは国益と国益がぶつかり合う場ですから、そんなに簡単に譲歩できなくなる、あるいは配慮できなくなるわけですね。

靖国問題に、二つの問題、首脳の往来の問題と、経済の問題を絡めてしまう。どうして中国は、このような手法を取ったのでしょう。

朱　●首脳が会わないというのは、一種の制裁的なものであると。それは確かに上村さんは北京におられたときに、すでに書いておられるのですけれど。

しかし中国側から見れば、見方はちょっと違うんですね。制裁というのは、日本の受け止め方で、上に立った人間が下に対して罰を与えるということになり、要するに「中国がけしからん」との反応につながります。しかし中国の首脳部は日本に対して、そのような考えはもう全然持っていないと、私は思うのですね。それはあくまでも日本側の受け止め方ではないですか。

考えてみれば国際関係において、「何かの問題で、今度あなたの国に行くことを取りやめた」ということは、よくあることです。別に日中間だけではないのです。

米中もあるし、日韓はここ数年、まさにそうなのです。日本と韓国は毎年二回、首脳が往復すると決めていたのを、もう止めました。日本は他のどの国に対しても、それを制裁とは受け止めていないわけですね。

結局やはり中国への見方の問題がここにある。一方、中国はというと、やはり同じようなところがある。日本側だけではないのです。中国側も同じです。日本のこのような姿勢について、「中国人民の感情を侮辱した」との表現をよく使うのですね。私は個人的には、小泉首相がわざと中国を侮辱したとは思っていませんが。

今の日中の最大の問題はいずれも相手にやられたくないという考えを互いに持っている、ということです。他の中小国家との間で同じようなことがあった場合、日本も中国も許せるのです。でも日中間では、お互いに許せない、押し切られたくないとなってしまう。それが今、問題を複雑化させた部分があると思うのですね。

話は元に戻りますが、「政冷経熱」から「政冷経涼」への変化、その部分の受け止め方の問題に触れておきましょう。先ほど「政治が冷たいままなら、経済を涼しくするよ」という風に訳しておられたわけですが、中国側の受け止め方は「このまま政治が悪くなっていくと、経済まで涼しくなるよ」ということです。中国政府がわざと経済を涼しくしようと、すなわち経済をカードにしようとすることは、私は基本的にはないと思っています。

日中経済交流が両国にとって大事であることを、中国指導者層はよく理解しています。国民レベルでは、それがわからないままに変に反日をやっている人はいますけれど、去年(〇五年)の反日デモの後、薄熙来《はくきらい》商務相は自ら国民に「日本企業が中国で直接的・間接的に雇用しているのは九百万人以上だ」と説明しています。日本側が持っていない数字、日本企業の貢献を示す数字を、中国政府が自ら出してきて、国民に反日デモを控えるよう説得したわけです。

胡錦濤さんが示そうとしたのは、これはまさに「涼しくなるよ」、そうならないよう共に政治のことを善処しようという意味だと思っています。

例えば、私が知っている新幹線の話があります。北京－上海間の高速鉄道に、中国鉄道省は本当は日本の新幹線を導入しようとした。しかし、中国国内の民間の反発で、できなくなった。

それで二〇〇四年夏以降、国内の反発をかわすという狙いもあって、高速鉄道の一括受注ではなく、車両ごと、信号ごとなどに分けて各国に協力を求める、という方針に切り替えました。

高速鉄道の信号システムについて、中国鉄道省は、六つの中国側の企業グループと諸外国、日本、ドイツ、フランスだけではなくて、カナダも含めた四カ国の企業連合との見合い結婚の場を設定したのです。

ところが中国の企業グループの六つのうち、大きい方の五つが全て、日本と組もうとしなかったのです。一番小さいグループだけが、日本側と接触したのです。

本当は鉄道省としては逆にしたかった。政府が介入しない状況で、企業の方が市場原理で日本側と組んでしまったという形にしたかったのですが、目論見が外れたのです。それで実は何をしたかというと、今度はその縁組交渉そのものを全部なしにしたのです。

政府としては日本新幹線方式が中国に適合すると判断しているのですが、国内の反日感情に影響されて、そのままビジネスの次元の話に持っていけないのが現実です。

だから靖国問題が長く続くと、明らかにビジネスの次元でいろいろ影響を受けますよ、そうならないようにしましょうと日本側に話してきたと思います。

したがって、私は基本的に、中国側は悪意で「涼しく、あるいは冷たくするよ」という、日本側への圧力として言ったとは思えません。

上村●今の二〇〇四年九月の「政冷経熱」に関する指摘ですが、むしろ対日関係改善のシグナルであるとおっしゃるのは、読み方からするとそうかもしれません。しかし、日本からはその文脈で見ると「靖国参拝を止めないと経済に影響を及ぼしますよ。参拝を止めれば新幹線を買いますよ、日本の技術を取り入れますよ」というのは、やはり脅迫というか、まあ脅迫というときついけれど、駆け引きでこちらの足元を見ているという風に取れるわけですね。

そもそも、高速列車の技術を、車両や信号などに分けて発注するというのも、おかしな話です。こういう技術は、一括でないと売れない、そうでないと安全を責任を持って担保できないということを、すでに日本側は説明しているのですから。それを、都合のいいところだけ、日本の技術を取り込むといってもねえ。日本の中には、新幹線技術を中国に渡すべきではないという人もいる。何も中国に買って欲しいという人ばかりじゃないわけですから。

第2章

歴史をめぐる議論は可能なのか?

中国のA級戦犯批判の背景

朱　●中国はもともと、日本の首相が二百四十六万人の戦没者を祀《まつ》っている靖国に行ってはいけないとは、言っていないのです。A級戦犯を合祀しているところには行くなということで、それは中国の戦争処理の方式とも関係しているわけです。日中国交樹立（一九七二年）の時の戦争処理の問題ですね。

日本は戦後、国交を回復した相手の国のすべてに賠償や経済協力を行ったのです。しかし中国が、国交樹立の時点で、それはもういらないと言ったのです。

その時、問題になったのは、国内をどう説得するかということでした。それで、あの戦争で悪かったのは日本の極々一部の指導者——A級戦犯で、一般の日本国民に罪はないのだと、そういう形で国内を説得したわけです。

にもかかわらず、小泉首相がA級戦犯を祀《まつ》ったところに参拝に行くと、国内を説得できなくなる。行ったら、あの戦争で中国に大きな被害を与えたのは誰か、誰が責任を取るのかということになるのです。「日本の首相が参拝に行くと、結局我々が賠償放棄をしたことを含めて、何のために妥協したのか」という論争が再燃することになる。ご承知のように、今中国国内では、日本に対して戦時被害の民間賠償を求めるべきだという声がかなり強くなっているのです。最近の報道で、一部の軍の元高官とか、そういう人たちすら民間賠償を支援すると言い出してきました。

正直に言って、私はそれを胡錦濤指導部が裏でやらせているとは全然思いません。でもそのような事態がさらに進んでいくことは、非常に憂慮しています。かつての事を持ち出したら、もうきりがないので、パンドラの箱を開けるような形は、これは絶対にやるべきではないと思います。

——**朱さんのお話だと、中国が日本に賠償を請求しない理由は、A級戦犯に罪を負わせたからということになるのですか。国交正常化の時に、そういう論理で決めたなら、そこのところを今日本がひっくり返してしまったら、やはり賠償をしろということになるのですか。**

朱　●ご存知のように、中国は日清戦争以降、義和団事件を含めて、日本に多額の賠償金を払いました。

ですから七二年の国交樹立の時点で、いろいろ国民の意見を聞いてみたら、当然賠償をもらえると思っていました。賠償をもらったら、すべての中国人が給料は一ランク上がると思っていた。長春第一自動車工場を二十個分作れると。そういう議論を記録した公文書が残っているのです。私はその公文書を写し出して一九九二年十月号の『外交フォーラム』に、中国の賠償請求放棄の政策決定を検証した論文を書いたことがあります。

しかし周恩来元首相が一九二〇年代にドイツに留学したのですね。第一次大戦で負けたドイツが、戦勝国に莫大な賠償金を払うため、国民に重税を課さなければならなかった。それで結局その為に、重税にあえぐドイツの国民の一人一人に一種の復讐の気持ちを植え付けた。それが第二次大戦にもつながったということを周恩来さんは後に、部下に何度も語っています。対日賠償請求を放棄する考えの根底に、そういったことがあったと語っています。

そのような考えもあって、周恩来首相は七一、二年の時点で、首脳部の中で「もし今の日本国民に賠償を求めるなら、言ってみれば今生きている人、そして未来を支える若い者に払わせることになる。それはこれからの友好にとって不利だ。だから求めない」と説得したわけですね。

問題はどのように一般国民に説明するか。そこで考え出した論理というのは、日本の対中侵略の責任をすべて亡くなったA級戦犯に負わせて、現在の日本国民を一部の軍国主義者と区別する、ということだったのですね。

中国も結局、自分たち自身が歴史問題をたくさん抱えているのです。文化大革命を含めて。それでどうやって乗り越えるかという歴史の知恵を持ち合わせているのです。

文化大革命が終わって、当然責任の追及が発生しました。誰が悪かったのか。文革路線はほとんど毛沢東が決めたものであることは皆知っています。しかし毛沢東、日本の当時でいえば天皇に当たるような人に責任を求めたなら、この国の共産党政権は存在できなくなる。それで毛沢東をそのままにしておいて、すべて四人組が悪いということにした。四人組は、いわばA級戦犯ですよ。そこに責任をすべて負わせて、政治体制を維持してきた。

そしてその後は、加害者に自己批判をさせるのですけれど、そうした人の刑事責任は追及しない。被害者には全員名誉回復をする。このようなことをして、文革十年のトラウマから抜け出し、経済近代化のほうにわずか数年で国民を向けさせることができた。

上村◉A級戦犯の問題についてはですね、私は中国は非常に抑制的だと思いますね。非常に抑えている。戦争責任はA級戦犯にある、靖国問題もつまりはA級戦犯の問題だというのは、私は非常に中国としては配慮しているのだと思うのです。

というのは、別にそれは天皇の責任にしたっていいわけですし、国民全体の責任にしたっていいわけですよね。ですからその部分は、東京裁判でA級戦犯として有罪になった人だけを問題にするというのは、抑制的な対応だと思います。

ただ、日中国交正常化のときに、日本は謝罪して、中国は一部の軍国主義者ということで国内的に説明したというのは、まあ分かります。そして賠償は求めなかったと。ただ賠償を求めなかったことについてはですね、その前の中華民国と日本の間の国交正常化がありました……。

朱●日台条約ですね。

上村●日台条約ですか、今の言い方だと。当時日華条約と言いましたけれど。その時に蔣介石が賠償を放棄したわけです。その当時の国際会議で、日本の賠償は、要するに役務補償といって労働力を提供するという賠償ですから、お金に換算しても、そんなにたいした額にはならないわけですね。しかも冷戦時代が始まっていて、アメリカから圧力もあったでしょうから、蔣介石としては賠償を放棄せざるを得なかった部分もあったと思うのです。

そういった前例がありましたから、仮に中国がその時に、中華人民共和国が日本と国交を結ぶ時に賠償請求するといっても、それはなかなか現実問題として、そもそも難しかったのではないかと僕は思いますね。

朱●その点は、実は日本の中で誤解がずっと定着していたと思うのです。東大の石井明さんは、そういう誤解を解く冷静な検証をしました。

第一、日本で一部言われている、蔣介石は「恨みに報いるに徳を持ってせよ」と語って、だから日本から賠償を取らなかった、としている点ですね。

実は四七年から翌年にかけて、蔣介石政権は日本から賠償を取っていたのです。日本から駆逐艦、護衛艦、輸送艦など合わせて二十四隻の軍艦を接収し、それぞれ上海、青島、台湾に曳航しました。また、在中国の日本資産約三億五千万ドルを押収しました。したがって、蔣介石は決して賠償を取らなかったわけではないのです。

「蔣介石が賠償をとらなかった」というのは、おそらく蔣介石を支持し、中国共産党と対立するための一つの論理として使ったわけで、事実ではなかったのです。実は中日国交正常化後の七〇年代後半に、台湾はその交渉の記録を全部公表したのです。

公表して分かったことは、日台条約の交渉でも最後まで、蔣介石側の代表は「我々は日本に対する請求権がある」と主張して、日本側と激論になったのです。それでは、最後にどう折り合いをつけたのか。日本は「請求権があると言いますが、あなたたちは中国大陸を今は実効支配はしていないではないか。その部分についてあなたたちに請求されたら、今後中国大陸の人たちも日本に要求したら、我々はどう答えるのか」と反論しました。

それで条約の最後に付属する議定書の形で、「台湾側が放棄したのは、台湾政権が実効支配した地域に限る」という範囲限定が付記されています。

つまり中国大陸に関して、台湾が実効支配していないので、日本側は蔣介石に対して、「あなたたちは放棄する権限がない」ということを言っていたのです。

ですから、七二年の時点で、日本側が「台湾がすでに放棄しているから、中国側に日本への請求権がない」と主張したことは、歴史で見ればそれは根拠のないものでした。

上村●わかりました。まあ、その賠償の問題は、確かに払っていないのは事実だし、それから日本が中国に被害を与えたのは事実ですから、この問題自体をそんなに議論したいとは思いません。もちろん日本が資産を、中国の、特に旧満州、東北地方にあった資産をすべて引き渡したということも含めて、いろいろな議論がありますけれど。

私はそういった、お金を払った、払っていない、いくら払ったという問題よりも、やはり日本が被害を与えたことに対して日本としてどういうことをするのか、ということを真剣に考えなければいけないと思っているのですね。

それで大平正芳首相が七九年に始めた対中政府開発援助（ODA）にそういう性格があったというのは、私はそれはそうだと思うし、日本はそういった部分で力を入れてきたと思うのです。

朱●まず旧満州の話で、一言言っておきたいのですけれど。旧日本軍が満州に残したものが、結果的に中国の財産になったのではないかということですけれども。

結論からいって私が翻訳した、ソ連赤軍が満州に進攻した後の歴史を綿密に検証した中国学者による『満州進軍』によると、実は満州に残した日本の財産の大多数が、ソ連軍に持っていかれたのです。旧満州銀行に残した金貨を含めてですね。

そこでアメリカ国務省が四六年十二月に声明を発表し、旧満州の、水力発電所の設備を含めて、旧式で持ち出せないものを除いて全部持っていったことを「憂慮する」として事実を公開し、批判を行ったのです。

言いたいことは、旧満州は終戦後の数年にわたって中国の支配下ではなかったこと、ソ連赤軍が財産をも支配下に置いたことです。

ここまで違う歴史観

上村●さっきおっしゃったA級戦犯の問題に戻って、少し歴史観の問題に入ります。中国が責任をA級戦犯に限定されるのは、それはけっこうなのです。日本もまた、政府が対外交渉を行う中で、東京裁判を受け入れ、そうした流れの中で外交を行ってきたわけです。それを変えることもできないでしょう。ただし日本の国内では、戦後六十年たってですね、あれは本当にA級戦犯だけが悪かったのかという声も出ている。つまり天皇も含めた国民は、何も責任がなかったのか。あるいはそれを煽った新聞には責任がなかったのか。そういうことを議論しなければいけないのではないか、という風潮が出ているわけです。

それは一種の自省でもあるのです。国民それぞれが、もう一度、あの戦争を自分たちの歴史として考えようとしているわけです。「A級戦犯がすべて悪い。後の国民は戦争に関係はない」というのではなく、自分たちの問題とみなす声があることも、中国の人には知っておいていただきたいと思うわけです。

それからもう一つは、中国の歴史観の問題です。昨年の九月三日の抗日戦争勝利六十周年記念式典で、胡錦濤国家主席が演説しましたよね。

そこで要するに日本の軍国主義についてどう話したかというと「十九世紀後半以来、日本は次第に軍国主義の道を進むようになり、一連の侵略戦争を発動し、参加してきた」と言った。

一八七四年の台湾侵犯、九四年の日清戦争、一九〇四年の日露戦争などを侵略戦争として並べ、一九三七年の盧溝橋事件から全面侵略戦争に入ったと言っているわけです。明治維新の直後から、もう日本は軍国主義の道に入り、中国に侵略してきたと言っているわけですね。

つまり中国の公式な見解では、A級戦犯ではなくて、もう明治維新の直後から、つまり日本が近代国家としてスタートした時点から、軍国主義に入っていったという風になっているわけです、中国の歴史観では。日本の近代化そのものに問題があったと。

そうするとこれは、A級戦犯の話と矛盾しますね。だから、じゃあA級戦犯だけでいいという風に言っておいてですね、だけどA級戦犯の問題が終わったら、今度は違うのだとならないのか。

日本人はそう考えているかというと、確かに軍国主義の時代があったのは事実ですけれど、日露戦争を日本の軍国主義による中国侵略だという風にみなしている日本人は、あまりいないと思うのですね、事実として。

日本人が何を考えているかと言うと、どうして日本は軍国主義に走ったのか、大正デモクラシーの時代があって、選挙をして民主化したはずなのに、どうして軍国主義に走ってしまったのか、そういうことを考えている。

それはA級戦犯が悪いのか、それとも、もっと言えば満州に建国したのだから、もっと前から侵略していたとも言えるわけですよね。しかも韓国併合というのもあるわけです。

要するにA級戦犯とか一部の指導者だけが悪いのか、日本の国民にも責任があるのか、あるいは日本の政治のシステムに問題があったのか。あるいは国際情勢が帝国主義の時代だから、そういう風になったのか。いろんな議論があってですね、一生懸命考えているわけです。

そういったときに中国から「とにかく悪いのはA級戦犯だ」と定義づけられても、外交問題としてはそれは理解します。そして外交問題として、それを踏まえて応対しないといけない。けれど、日本人は日本人でやはりきちんと議論しなければならないと、私は思うわけですね。

朱 ●胡錦濤発言は、「日清戦争以降、日本の軍国主義が一貫して中国へ侵略戦争を続けた」、という意味で理解されていますが、私はちょっと違うと思うのです。

周恩来首相（当時）が七二年に田中角栄首相（同）を迎えたときに言ったように、中国から見れば、日中関係は「友好の二千年と不幸な五十年」の二段階があるとしています。つまり日清戦争の一八九四年から不幸な日中関係が五十年間続いた、というような表現を使っています。中国から見ればその間、台湾を割譲させられたり、幾度も莫大な賠償金を取られたりしました。

日露戦争は日本とロシアの戦争でしたが、主に中国を戦場として戦ったという意味で、中国はまた大きな被害を受けました。そのような認識はありますが、日本の軍国主義がその時点からすでに成立していたかどうかは別問題で、中国の学界でも日本の軍国主義が十九世紀末にすでに成立したとの説は成り立っていません。

上村●でも、胡錦濤さんはそうおっしゃったじゃないですか。

朱●この五十年間、中国は日本から多大な被害を受けたという意味で理解されて良いのではありませんか。

上村●日本の軍国主義という風に、言っているんですけれどね。

朱●日本の軍国主義の形成と言えば、満州事変になって急に出来たものではありません。遡って対華二十一カ条を中国に押し付けた一九一五年の時点で日本政府が中国の独占支配を謀りはじめたと中国で一般的に認識されていますが、それにももっと前のルーツ、根源があるはずです。その軍国主義の形成のルーツは当然、十九世紀後半に求めなければなりません。日本の学者の中でもそのような分析が行われています。たとえば神戸大学の五百旗頭真さんは、「明治の権威主義体制は首相権限の弱さゆえに無軌道な軍部の軍事的発展を抑制することができなかった」こと、「日清・日露の戦勝という実績への自負心」が膨張し、政治のコントロールを一層突破したことなどを分析し、「制度が悪いうえに、エリートの指導力が衰退し国民的な国際認識が未成熟というなかで、日本帝国は滅亡への道をたどったのである」と結論付けています（『戦後日本外交史』有斐閣、二〇〇六年新版）。

上村●日本と清国は日清戦争の際には対等のレベルで戦った、海軍力などはむしろ清国が強い状況で戦争をしたという風に私はみているのですが。中国の歴史観では日本側が攻撃をしたということになるわけですね。

朱●中国の立場は一貫して、その間に日本から攻撃・圧迫を受け、多くの被害を受けたと。そういう意味では一貫していますけれど。

歴史にどう向き合えば良いのか

上村●胡錦濤さんについては、もう一つあるんです、実は。

この九月三日の演説で胡錦濤さんは「中国国民党と中国共産党が指導する抗日軍隊」が「それぞれ『正面戦場』と『敵後方戦場』の作戦任務を分担し、共同して日本の侵略者を攻撃する戦略態勢を形成した」

とも話しているのです。

それまでの論調が変わったわけですね。つまり歴史認識が、歴史観が変わっているわけです。それまでは共産党こそが抗日戦争を戦ったと言っていたのに、去年突然ですね、いや実は主戦場で頑張ったのは国民党でした、と言っているわけです。どうしてこんなことが変わってしまうのですか。

朱●今、まさにそれも含めてお答えしたいのですが。

先ほどの「不幸な五十年」の話の続きですが、周恩来総理以下、中国側は日本に、日清戦争以来の中国側の苦しみを理解してもらおう、という意味で「五十年」の表現を使いますが、日清戦争まで遡って取られた賠償金を全て取り返せ、という考えは最初からなかったのです。そのために、中国の国民に対してもある程度説明がつくし、日中間でも最低限に「過去を乗り越える」図式として、中国はA級戦犯に全ての歴史責任を求めたわけです。

スターリンは第二次大戦の戦勝で、日露戦争で失った全ての権益を取り返そうとした。実際にそのようにしました。しかし日本に、じゃあ日清戦争で取ったものを返せという話になると、いつまでも日中関係は未来に向けて前進できないし、まして中国の中では、教科書でも十九世紀末期の清朝政府がいかに腐敗したか、中国側自身にも問題があったとの認識があります。ですから第二次大戦のA級戦犯で外交解決の図式にしているのですね。それはそれより前に、日本から侵略を受けていないという解釈にはなりません。中国の教科書では明治時代の日本は、後進的封建制と列強の野蛮性が結合し、軍国主義のルーツが形成されたと一貫して書かれています。

おっしゃるように、本当は日本国民の問題とか天皇の問題とかはあるはずです。しかしそれはあくまでも日本国民自らが総括するもので、中国は関与するものではないという中国側のスタンスです。

中国側としては本来は追及する対象を限定して、A級戦犯に現役首相が参拝に行かなければよいという図式で歴史問題を乗り越えようとしました。今年三月、李肇星《りちょうせい》外相が全人代（全国人民代表大会）開幕直後の記者会見で「靖国神社」に触れずに、現役政府指導者のA級戦犯参拝だけを問題と指摘しました。

それに関して、私はちょうど三月前半、北京にいたので、李肇星発言の翌日に外交学院院長の呉建民さんと会ったのです。彼は中国政治協商会議の報道官も務めているのですが、李外相はなぜこういう表現を使ったのかと聞いたら、次のように説明してくれました。

「我々は日本に対して、問題を早く解決したいというメッセージを出しているのだ。歴史問題は突き詰めていけば限が無い。それをいちいち出していたら、日中関係はいつまでも未来志向に転じられない。それで我々は、A級戦犯のみに問題を絞っている。つまり靖国神社そのものに関してその歴史を歪曲した展示など問題はあるが、民間の議論に任せる。我々政府側は靖国神社ではなく、A級戦犯を合祀しているところへ現役首相が行くことだけを政治問題とする。日中間の争点を絞ることで打開策を模索する幅を広げようとしているわけだ」ということだったんですね。

しかし李肇星《りちょうせい》発言についても、日本政府や日本マスコミの反応は、ドイツ要人の発言を引用する形で「日本首相の靖国参拝という愚かな行動」に言及した点について、「愚かな」という表現は無礼、という一点に集中しました。そもそもその話は、小泉首相が直前に「靖国問題で日本を批判しているのは中国と韓国だけだ」と語ったことへの反論です。実際にその後、スウェーデン首相も、マレーシア首相も、アナン国連事務総長も、小泉首相の参拝を批判したのですね。

次に、胡錦濤《こきんとう》さんの談話が国民党政府軍の貢献を高く評価したことについてお答えします。中国では、歴史の評価について、歴史観の問題と、歴史事実の認識と理解の問題、という両者に分けて捉えるべきだとの思考様式があります。それは二つの次元の問題だとの認識です。

もし中国共産党側がこれまで「国民党政府軍は抗日をしなかった」と主張して、今になってその見解を変えたら、それは歴史観を無節操に変えることで、モラルの上でも歴史評価の常識からも許されません。しかし国民党政府軍がどこまで大きな役割を果たしたかについて、あるいは今日本の中で言われている、一九二八年の張作霖の爆死事件はソ連が仕組んだのではないかという類の話の次元では、歴史資料の発掘の進展にしたがって変化があって良いのではないか、という考え方なのです。

南京で何人死んだのか

朱 ●南京大虐殺についても、中国政府は国民党政権の見解を踏襲する形で三十万人説を使っていますが、民間では四十万人説もあれば、新しい高校の歴史教科書では極東国際軍事裁判が採用した「二十万人を下らない」説と、三十万人説を併記するものが出ています。そういう風な議論は学術的に大いにしていいと思うのです。

今言った国民党の戦いというのは、前から、中国共産党側は自分が死力を尽くして主要に戦ったとし、特に一九四〇年以降の数年間、蒋介石の軍隊はただ防御に当たり、八路軍など共産党の軍隊が一貫して戦い続けたとの認識があります。それに対して、蒋介石側は特に戦争初期から武漢会戦まで、自分が主に戦って日本の初期的侵攻を食い止めたとの自負があります。それに関して、今回、胡錦濤主席は、日中戦争全般を通して国民党軍が「正面戦場」で主に日本の侵略に抵抗して戦ったと評価したわけですが、中国国内では特に驚きで受け止められなかったし、台湾サイドでもほとんど好意的に受け止め、「中共側の歴史観が変わった」との批判や揶揄はありません。

上村 ●そうですかね。台湾にはいろんなメディアがあり、野党もあり、いろんな声が出ていますけど。私には、共産党が台湾の国民党を取り込むために、政治的な判断で歴史を書き換えたとしか思えませんけどね。

朱●確かに日本人の歴史に関する受け止め方は違うのですね。この春、四国で講演をした後、ある出向している外交官が「張作霖はソ連によって爆殺されたということを含めて、日中戦争についていろんな説がある。だから歴史というのはいい加減なもので、これというコンセンサスはありえない」とコメントして、中国が「歴史問題を日本に持ち出すこと自体がおかしい」と言おうとしました。

それに対して、私はこう答えました。

「それは二つの次元の話です。歴史事実の認定は、南京大虐殺の場合、三十万人説も、十五万人説も今後は争えばよい。最後は歴史資料の発掘の勝負だ。動かせない資料に基づいて客観的事実に接近する作業を今後もすべきだ。しかし一九二八年の真実がどうであれ、日本が日中戦争で中国で一千万人以上殺し、中国に空前の人的物的損害を与え、侵略戦争をしたという事実には変わりはない。それが歴史観の次元の問題である」と。

上村●その死者数も、ずっと変わっているじゃないですか。数字が、どんどん増えている。

朱●そういう意味で、数字は変わっていいんです。

上村●なぜ、いいんですか。

朱●侵略戦争という根本的な歴史事実は世界史の中で動かせない共通認識があって、その認定が一番大事だ、という発想です。

上村●だって数字が変わるんだったら、事実が変わるんだったら、歴史認定だって変わるかもしれないでしょう。

朱●中国から見れば、まさに日本のそこが問題なのです。

上村●なんで問題なのですか。

朱●つまり中国から見れば、日本の一部の人は、南京虐殺の三十万人という数字を否定することによって虐殺そのものを否定しようという手法をとっている。あるいは南京の展示館にある一枚の写真が「ウソ」だと証明することによって、その展示の全部を否定しようとします。実際、そのような手法を取る人はいずれも結論として、南京大虐殺が「でっち上げ」だと主張しています。

上村●いや、そうじゃないですよ。私は虐殺は認めているけれど、数字の間違いはおかしいと思います。

朱●ですから、それを分けて考えればいいのですけれど。日中の間では最後に南京で一体十五万人殺されたのか三十万人殺されたのかについて、大いにこれから学術的に討論していいのです。

しかし中国が問題にしているのは、南京大虐殺の存在を否定するかどうか、です。この歴史観の問題は一番重要と考えるわけです。日本の中で一部の人が、一部の数字について異なる説を見つけることで南京事件そのものを「でっち上げ」と主張することに、中国が反発しているのです。

上村●でも数字の問題を議論したら、事件を否定しているというわけでしょう。

朱●いやいや、大いに議論していいのです。

上村●だって、だめだって言っているでしょう。それは数字の議論にもっていくことは、でっち上げ説にもっていこうとすることだと。そうやってレッテル張りをするから。それでは、議論できないじゃないですか。

朱●いやいや、ちょっと待ってくださいね。日本政府も認めているように、この南京で民間人を含めて無差別な殺害があったということは、それは否定できない事実であると。それを日中間の共同認識に、それを最大公約数の認識にすれば、その前提のもとで十五万人、三十万人の議論は、いくらでもいいんです。

上村●できていないじゃないですか。

朱●いや、今まさに私も含めて、実は日中間でいろいろやっているのです。

上村●でも、全然新聞に出ていないですよ、それは。人民日報は、どうして出さないのですか。

朱●それが、南京についていろんな共同研究が実際に日中間で行われているのです。たとえば、日中韓共同教科書が去年、初の試みとして発行されましたね。今年四月、多くの改正・修訂をへて第二版が出ました。南京虐殺の数字についても、三十万人説と極東国際軍事裁判が認定した二十万人以上、という二説を併用しています。『世界知識』などの中国側の雑誌には、「この共同作業を通じて、我々の歴史事実の認識にも大いに刺激を与え、前進をもたらした」と掲載されていますよ。しかし今の日本では、そういうことを報道しないだけで。

上村●だって報道させないじゃないですか。

朱　日本の中で、ですよ。

上村　ああ、日本の中でですね。失礼しました（笑）。

朱　日本の中で今は、ナショナリズムに煽られて、とにかく南京事件について否定説がボルテージを上げています。しかしその方面の専門家の笠原十九司さんが言うように、実際は大量虐殺説を裏付ける研究や資料発掘が一層進展しているのです。そのような声が日本で埋没しています。

上村　でっち上げ説の方が声を上げているのではなくてね、数字があまりにも突拍子がないから。もっと事実をはっきりさせたらどうですか、と言っているわけでしょう。

朱　ですから、それは大変いいことでね。それを目指して、日本と中国の学術レベルの交流で大いに議論すべきですね。例えば今おっしゃった、抗日戦争は国民党と共産党が一体どのような貢献をし、中国戦場が第二次大戦全般の推移にどういう役割を果たしたか、引き続き議論・学術研究を進めなければならないし、日中の学者の間の共同作業も求められています。

実は五年ぐらい前に、私が仲立ちする形で、日中両国の学者の間で南京事件について共同研究する構想がかなり進んでいました。中国側では主に南京と上海の学者を候補に上げました。中国の中でも当時、北京の雰囲気は硬かったのです。日本側については「一、二万人しか殺していない、しかも民間人虐殺はなし」と主張する一部の明らかに偏った人を除いて、五万人説、十万人説および二十万人説の代表的な研究者を入れて、いきなり死者人数の論争から入るのではなく、信憑性ある歴史資料の認定と編集から着手するという議論まで進みました。しかし最後は日本側のいろんな原因で実施に至らなかった。声をかけた上海復旦大学のある参加予定者はその後も何度か私に、「このプロジェクトはもうだめですか」と聞いてきたことがあります。

私が言いたいのは、歴史観の次元で、あの戦争は侵略戦争だったこと、南京で民間人に対して無差別虐殺があったこと、という最大公約数を日中で堅持すれば、実はもっと落ち着いていろんな学術研究に取り組んで、歴史事実の認定において新しい進展があることをむしろ期待しています。

要するにその歴史に関して、今の日本の中の一部の動きは中国で過敏に受け止められていますし、三十万人説を崩してでっち上げ説にもっていくことに、中国は反発しているのです。

上村●日本では、いろんな議論があると思いますよ。

朱●それは、いろんな議論があっていいんです。しかし歴史観の次元でもう少し大局的な議論を期待したいのです。その点で、ドイツがいかに対応しているのか、参考になります。

たとえば去年は終戦六十周年で、モスクワで反ファシスト戦争勝利の記念式典が行われました。その時に頻繁に使われた数字の一つは、「ナチスドイツは六百万人のユダヤ人を殺した」というものです。

しかし学者のレベルでは、「四百万人もないんじゃないか。三百万人もないんじゃないか」という主張もあるんです。

そういう数字に関しては、これから歴史学者に任せて充分議論していいのですが。問題はドイツ政府がどのように大局的に異なった数字を扱うか、です。ドイツ政府は、ナチスが三百万人を殺しても六百万人を殺しても、みな歴史的犯罪だ、したがって、このような数字の議論を国内では認めない。それを通じてあの歴史を絶対に美化しないこと、繰り返さないことを被害国に示してきました。その点をずっと貫いています。

上村●日本だって、言っているじゃないですか。

朱●いやいや、まさに今、政治家、政務官が東京裁判すら否定する発言をしていても問題にならないんじゃないですか。

上村●だって小泉さんも、ちゃんと謝罪しているじゃないですか。日中国交正常化の時にだって、日本は謝罪しているじゃないですか。

朱●ですから、結局誰を信じればいいんですか。

上村●首相に決まってるじゃないですか。

朱●民間はいいんですよ、問題は政府の高官ですよ。大臣も含めて、政務官も含めて、みな政府の顔です。仮に中国の大臣や次官が日本について変なことをいったら、それは中国でも政府の失言とされるし、日本からもおそらく「あの人個人の話」では済まされないでしょう。

十数年前、アメリカの商務長官が「広島に原爆を落としてよかった」と発言しました。すると日本から、猛烈に抗議が来たわけですね。最後に、当時のブッシュ大統領が日本側に釈明して一件落着したのです。

上村●この前もですね、アメリカのゼーリック国務副長官が中国に行って、日本と中国とアメリカで歴史問題を共同研究しましょうといったら、中国側の孔泉報道官は、北東アジアは特殊ですからそれは無理です、と言ったんですよ。自分たちで共同歴史研究を否定しておいてですね、どうして今、歴史の共同研究をできるというのか……。

朱●その話については、今回与党訪中団が二月に訪中し、自民党政調会長の中川さんが中国に提案し、中国は受け入れました。更に言いますけれど、すでに党中央対外連絡部がその担当を中国社会科学院に下ろしています。中国側には受け皿ができました。

それで日本側に、どの機関をカウンターパートにするかと打診したら、今日本側は慌てているんです。当初、どうせ、中国側は共同研究を受け入れるはずはないと判断して、中国側を困らせるつもりで、町村信孝外相（当時）が最初に中国側に提言したのですが、実際には日本側はどうやって対応するかについて、今日まで準備が一切整っていないのではないかと思います。

上村●北東アジアが特殊というのは、どういうことなのですか。

朱●私はその表現が何を指しているかは分かりませんが、しかし今言ったように、中国は応じようとしているのです。責任をもって申し上げますが、今は、中国側の多くの学者は日米中あるいは韓国を入れて歴史の共同研究をやろうというスタンスです。逆に日本のなかでは、「今の同盟国であるアメリカをかつての同盟国だった中国に、同じ歴史問題で席を並べさせたくない」というのが一般的なようです。

上村◉さあ、日本の研究者にもいろんな人がいると思いますがね。いずれにせよ、そういうことならぜひ、情報を流してくださいね、出してくださいね。

朱◉ええ、まあ…。

上村◉自由に議論をするためには、情報をちゃんと出してもらわないと、うまくいきませんよね。

朱◉そうですね。日本の中でも、このままではまずいと思う人が増えています。例えば岡本行夫さんが二〇〇六年五月号の『論座』で書いたのですが、彼はあるフランス人高官の話を次のように引用しました。「ドイツの首相が、ナチスの幹部将校が祀《まつ》られている施設で頭を下げれば、その瞬間にフランスは、仏独和解のために作られた欧州連合（ＥＵ）から脱退する。我々はそのくらい厳しい問題意識をもって歴史に向かっている」。

そのような、被害国の感情への配慮をするという前提のもとで、日中両国の学者の間では日中戦争の多くの側面について史実に基づいて討論ができる。ぜひそのように率直に討論・議論ができるような日中関係に早くなっていって欲しいものです。

China - Syndrome

第3章

国民が
嫌いあうようになった
理由は?

激変した日本の中国観

上村◉日本の中国に対する見方、対中観の変化という問題にも触れたいと思います。朱先生が先ほど、日本の対応が、八五年の中曽根さんの靖国参拝の時と違っているじゃないかとおっしゃいましたが、まさに全く変わってしまったわけです。

八五年の頃の中国は、日本から見ると、改革開放政策を始めたばかりでした。鄧小平さんたちが苦労して、経済発展を目指しておられたわけです。どちらの国も、戦争を経験した方が中枢におられた。日本は過去の戦争に対する贖罪意識もあって、何とかして中国が近代化していくのを助けたいと、そういう国民世論が非常に強かったのです。それで当時、日本の総理府の世論調査でも、七割の人が中国に好意を感じていた。

ですから中曽根さんが靖国に行ったことについて、国内でも非常に厳しい意見が出たわけです。それで中曽根さんが次の年に参拝を止めたときも、日本人は当然だと思ったわけです。少なくとも、私なんかはそう思った。

その当時の中国と、九〇年代後半から二〇〇〇年代にかけての中国は、大きく変わっているわけです。まあ、中身はともかくね。市場経済化を進め、高度経済成長を実現して、非常に大きな国になってきた。ですからさっきもおっしゃったけれど、中国は制裁のつもりだとか、上から押さえつけようという気はなくても、日本は国民レベルで、非常に高圧的な印象を受けるようになったのですね。

それはだから中国も、自分たちの国家が今どのような存在になっているのかということを、自分たちがどういう国に見えるのかということを、自分たちで意識しなければならないと思うのです。しかし中国の人も、自国に対する見方、自画像が分裂している状況だと思うのですね。それは過渡期ですから。自信と不安がない交ぜになっている。それが一つあると思うのです。

朱 ●その点は全く同感です。中国の学者の間でも、それについて議論が出ているのです。中国は「我々はそんなに大きくなっていないのに、外国はなぜあれこれ要求してくるのか」と考えている。ほめ殺ししようとしているのではないかと警戒ないし反発する。中国自身が、自分たちの大きさというものを十分、理解できないでいるのです。

もう一つの側面もありますが、結局中国は、一方で自信をつけてきたのですが、一方では被害者意識、コンプレックスがまだ残っている。そうした意識が混在し、見方が揺れていて、おっしゃるように日本側への配慮が行き届かなかったことはあるでしょう。あるいは少なくとも、日本国内の雰囲気の変化を充分に察知して理解して対応をしなかった、これは事実だと思いますね。

上村●八九年に天安門事件があったときに、中国は民主化運動を武力鎮圧したんですよ。そのときでもまだ日本は、確かに対中感情というのは少し冷え込みましたけれど、まだ今ほどひどくはなかったのです。それがやはり九六年ごろに、国民感情がはっきりクロスするわけです。総理府の世論調査で、中国に好意を持たない人の数が増えて、好意を持つ人が減って、その比率がとうとう交わるわけですね。それから、日本人の対中感情はどんどん悪化していったのです。

それはどういうことかと言うと、九五年に中国が核実験を行ったり、九六年に台湾海峡で軍事演習をやって、台湾の民主化、総統直接選挙を威嚇したりする。

それからもう一つは、さっきも言いましたけれど、中国は経済発展をして、非常に大きな国になっていて、存在感が非常に強くなっているわけですね。

ですから中国が、過去に言ってきたのと同じようなことを言ってきても、日本はもう同じようには受け止めないわけですね。まあそういった問題があってですね、小泉さんも、さきほど小泉さんは中国にノーと言うことで逆に人気を取っているとおっしゃいましたけれど、私もそれはそういう面があると思いますね。

つまりもうそろそろ中国にノーと言う時期ではないですかと。昔は日本はアメリカにノーと言ったんです。でもこれからは、中国にもノーと言わなければならない。というのは、中国はこれからどんどん大きくなっていきますから。

それからもう一つは、やはりなかなか中国の民主化が進まない。共産党一党独裁をかたくなに続け、非常に強権的で、軍事面でもいろいろ、軍事費が十八年連続で二ケタ増を続けていることもあり、日本で警戒心が強まっている。

三つ目は、日中間で、たとえば〇四年にサッカーの反日ブーイング事件というのがありましたね。日本に対する非常に強い、むき出しの敵意が出てきた。〇五年には反日デモがありました。大使館や日本のレストランが攻撃されたのに、目の前で見ている官憲は、制止すらしなかった。

この時、日本の抗議に対して李《り》肇星《ちょうせい》外相がですね「中国は過去、日本に謝らねばならないようなことをしたことはない」と反論した。台湾問題、人権問題、歴史問題で日本が中国人の感情を傷つけたことが原因であるとおっしゃった。

力関係がまったく離れていて日本が圧倒的に強かったら、中国側がそういう風に言っても日本は「まだこの国じゃ、仕方がないのかな」と思うかもしれません。しかし、もう力関係が非常に接近してきた段階で、片方だけに、一方的に謝れ、自分たちは絶対、間違ったことはしていないと言われると、日本の国民感情だって刺激を受けると思いますね。いまではもう、中国に好意を抱かない人が六割を超えて、八〇年代とまったく逆転してしまった。

朱 ●上村さんの今言われたことは、かなり重要な問題です。さきほどの話で、九〇年台半ば以降の、中国の核実験や台湾海峡危機のお話などをされました。これはよくわかるのですが、やはり中国から見れば、我々は別段変わっていないのに、逆に日本の受け止め方が、その時点から変わってきたということですね。

言ってみれば中国は核実験をそれまでやらなかったのかというと、ずっとやっていたのです。台湾に対して武力行使の可能性を放棄しないといわなかったのか、沿海部での軍事演習をやらなかったのかというと、それもずっとやっていたのです。

おっしゃるように天安門事件のようなこともありましたが、それでも日本国民は、中国を見る目にまだ少し余裕があったわけです。

九〇年代以降の変化というのは私から見れば、一つは日本国内の雰囲気の問題で、やはり九五年以降、戦後五十年を過ぎたという時点で、歴史の風化が一気に進んだということですね。その後は、何で今さらまだ歴史問題で日本にいろいろきつく言うのかと、その反発はそれまでよりは厳しくなった、これが一つ。

二番目はやはりバブルの崩壊で、国内に自信喪失が蔓延し、一種の閉塞感が内政外交の両面に出てきたように感じられます。例えてみればこれまで自信と余裕をもって隣の家の人を眺め、接していたのですが、家の中の事情の変化でいろいろと悩みが増えると、隣の家からの文句（本当はそれまでも言い続け、むしろもっとひどかった）に対して、我慢が出来なくなったのです。

そして三番目はおっしゃるように中国の急速な台頭で、それにどう対応するかで、心理的なプレッシャーを感じ、拒否反応・ライバル意識が先行したのではないかと思われます。

一方の中国側も、おっしゃるように日本への配慮が不十分であった。どうしてかと言うと、中国は外にも配慮するような自信を持つようになったかというと、そうではない。アヘン戦争以来の積み重なってきた屈辱の歴史に起因する被害者意識がまだ頭の深層に強く残っています。日本のサッカーチームにブーイングを浴びせたり、日本大使館に投石したりする行動は自信がある行動ではなく、自信のなさの現れでしょう。本当に自信と余裕がある人は相手に憤慨してもそんな行動を取らないのです。

日本対韓国、日本対東南アジアの場合、または中国対東南アジアの場合、片方に自信と余裕があるので、そこまでの感情的対立にならないのです。しかし日本と中国の間は互いに、プライドが高い反面、相手に対するコンプレックスがあり、そのような気持ちの揺れが摩擦と対立を増幅させている一面があるのではないでしょうか。

一方、中国のいわゆるナショナリズムが、インターネットの出現にともなう情報化社会になって、一挙に表面化してきた。共産党はそれにどう対応したらいいのか、戸惑いを感じているわけですね。時々、容認したかと思うと、急に厳しく抑えたりする。

そしてまた、日本側も中国社会の変化を充分に理解しないまま、すべて何か動きがあると中国政府がやらせたのだと受け止めがちです。

中国ナショナリズムの起源は九五年

上村●いま、中国のナショナリズムの問題を指摘されました。私はそれが強く出てきたのも、九五年ごろだと思います。どういうことかといいますと、よく九四年に愛国教育実施要綱が作られ、戦後五十年の九五年に反日映画などによる反日宣伝が大々的に行われ、反日ナショナリズムが強まったといいますが、それだけではないと思います。単に日本だけを対象にしたのではなく、この頃からより広い意味での愛国教育、愛国主義教育をやったんだと思います。おそらく、社会主義のイデオロギーが崩壊して、中国、中国共産党が求心力を失ってきたことと関係しているのでしょう。

それで九六年に『ノーと言える中国』という本が出たわけです。これはアメリカと日本を一方的に批判している、非常にナショナリスティックな本でした。しかも中国政府はそれを、普段ならば停刊というか、差し押さえるのですが、放置した。

そして九九年に、米軍機によるユーゴスラビアの中国大使館誤爆事件が起きて、反米デモが起きた。当初は官製デモでしたが、それが暴走を始める。ナショナリズムの火が燃え盛って、それを契機に人民日報のインターネット版に「NATO（北大西洋条約機構）の暴行に抗議する論壇」という書き込みサイトができて、やがて「強国論壇」に名前を変えていくわけです。だから私は、最近のナショナリズムの源流というのは九五年ごろじゃないかと思うのです。そしてこれは、日本だけを対象にしたものではなく、もっとある意味で根の深い、排外的なナショナリズムではないかと思います。

朱　●『ノーと言える中国』という本は、ご存知のように、八割は米国批判ですよ。日本については最後にちょっと触れて「けしからん」と言っているのですが。九〇年代半ばに中国でナショナリズムが台頭してきたのは、これは事実です。しかしこれは当局が教育してできるものではありません。経済の発展と社会構造の変化にともなって中間層に属する市民や学生が取る行動のパターンです。しかも当時の矛先はほとんどアメリカに向けられていて、そして九九年の事件につながったわけですね。

中国の変化、中国社会の構造の九〇年代半ば以降の変化は、それは上村さんは認識されているのですけれど、日本の多くの本はそれを理解しないで中国のことを書いているんです。それで、今の反日のすべては九〇年代の愛国反日教育の結果であるというわけですね。このような短絡的な認識では中国国内における反日感情に的確に対処できないでしょう。

江沢民訪日から政冷が始まった？

上村●中国のナショナリズムを話したので、日本の対中感情にも、もう少し触れておきましょう。先ほど話したように、日本の対中感情は九〇年代を通じて悪化した。しかし、日中関係そのものが大きくこじれたのは、実は九八年からだと思っています。この年に、江沢民国家主席（当時）が日本を公式訪問した。そして執拗に、日本に謝罪を求めた。

韓国との間では、でも未来志向でやっていきましょうというのがあったから、当時日本政府は韓国との間では、謝罪を盛り込んだ文書をまとめ、両首脳が署名した。

これに対して、江沢民さんはとにかく謝罪を繰り返し要求したので、日本はその部分は共同宣言に入れないで、口頭だけにしたわけですね。

だから私は、靖国問題が起きたから、日本と中国の間の政冷（政治の冷たい関係）が起きたのではなくて、九八年の江沢民さんの日本訪問が失敗した頃から、政冷が始まったのだと思うのです。

過去に日本が中国に侵略したのは事実です。だけどいつまでたっても、日本が謝罪しない、あるいは謝罪してもその謝罪の仕方が悪いという。村山富市元首相があそこまで謝罪してもだめなのか。賠償請求の動きが活発化しているところをみると、要するに賠償の問題なのか、お金をきちんと出せということなのか……。

日本側には、そのあたりの中国の真意がよく見えない。それで神経質になる。そこにあの瀋陽の事件や、領事館への脱北者の駆け込み事件などがあってですね、そういった不信感がさらに強まった。そうした空気が流れているところで、小泉さんの靖国問題が起きて、さらに日中関係がおかしくなっていくわけです。だから私は、もっとその前から日中間に問題が起きていたと思う。冷たいものが流れていたと思う。

朱 ●九八年に江沢民国家主席が訪日したことですが、客観的に評価すれば、江沢民主席は日本批判もしたのですが、それだけではなかったのです。歴史上はじめて「平和と発展を目指すパートナーシップの構築」を目指す共同宣言を出したり、共同宣言の中で互いにアジアの大国であることを認め合ったり、そしてその中で日本のODAに感謝するとの文言を入れたりしました。そのときに合意した民間交流の実施細目はその後数年にわたって次々と実施されていったのです。

しかし日本側は、江沢民主席が日本に謝罪だけを要求したという風にしてしまった。とにかく「江沢民は反日」「訪日はすべて悪かった」としてしまった。江沢民主席が宮中晩餐会で黒い服を着たのも、だから無礼であると言いました。

上村◉中山服を着ていたのですよね。

朱◉日本側政府関係者なら、それはまったくの誤解だということを知っています。日本側の要求は天皇陛下が主催する宮中晩餐会に出席するのに普通の背広はダメだと。燕尾服かその国の民族衣装のどちらかでないといけないと。中国では燕尾服は着ないのですから、では中山服にしようと。そこの部分は、日本の外務省は全部知っているはずです。でもおっしゃるように、日本は江沢民の訪日イコール歴史批判、したがって江沢民イコール反日と記号化してしまったのです。中国国内の民間では「小泉首相の靖国神社参拝イコール侵略戦争否定イコール反中国」と記号化したのと同じように、両方とも真実を十分に理解していないイメージ先行、感情論先行の過ちです。

かりに中国のナショナリズムが江沢民時代のいわゆる反日教育の結果だとすれば、二つ理解できないことが出てきます。なぜ九〇年代を通して、反日デモは一つも起こらなかったのか。なぜその間、いろんなアンケート調査の結果から見て、中国人の対日感情が一気に悪化しなかったのか。なぜここ数年、中国だけではなく、韓国も一緒に反日になったのか。

中国の民衆の間における反日デモや対日感情の悪化はいずれも小泉時代に起きたのです。中国国内のナショナリズムが二〇〇一年を転換点に、米中間は9・11事件を境目に戦略的協調に入り、代わって繰り返し靖国神社を参拝する小泉首相の登場で、中国のナショナリズムのマグマが日本に標的を移したのですね。中国の社会構造的な背景があると共に、小泉首相の対応のまずさが引き金だったわけですね。

中国のいろんなアンケート調査では、対日感情の急速な悪化は小泉首相の靖国参拝をめぐって政府間でもめ始めたのを背景に、個別の問題・事件がそれに火をつけたもので、〇三年ごろ表面化したのです。〇三年のチチハルの遺棄化学兵器による毒ガス漏れ事件で、日本の処理が後手後手に回った。その後、珠海での日本人による集団買春事件、西安の日本人学生による出し物事件（日本人留学生のハレンチな踊りに怒った中国人学生が抗議運動を行った）などが相次いで発生しました。個別で見ればいずれも大したことではないのです。しかし靖国問題を背景に、感情的な対立が急速に増幅し、そこへ、どんな小さい火種でも大火事に発展する雰囲気が出来上がってしまったのです。

ですから個々の問題は、確かにその後はおっしゃるようにどっちもどっちで、中国はこのようなブーイングをやったり、日本のレストランのガラスを割るというようなことは、それは正当化できません。でも問題は日中双方から検討していかなければなりません。

靖国の次に来るもの

上村◉靖国問題を日中間の最大の問題にしてしまったのは、むしろ中国ではないですか。二〇〇四年のサッカー・反日ブーイング事件の時も、本来は要するにサッカーの問題でブーイングをしていたんです。

あるいは当時サッカー会場で出ていたのは、尖閣諸島に対する抗議ですね。尖閣諸島は中国のものだと書いた横断幕を掲げていたけれど、靖国に対しての抗議というのは出てなかったわけですね、その時点で。

それをまたその後、小泉さんが靖国に参拝して中国人の感情を傷つけるからそういう事件が起きたのだという論調が、中国の新聞で出てきた。日本からするとですね、靖国を象徴化されても困るわけです。どうしてかというと、日中の間には東シナ海のガス田開発の問題がありますね。それから尖閣諸島の問題がありますね。教科書問題もある。

後は何がありましたっけ。まあいくつかそういう問題があるのに、日中間の問題は靖国だけであると中国側が言っても、日本は受け入れられないですよ。

だって、本当の問題は違うところにあるのに、全部靖国が悪い、靖国さえ解決すればなんでも解決するなんてことを言われても、全く現実的ではないですよね。

あるいは〇五年の反日デモについて、一年たってから、小泉さんが靖国に参拝するからああいうデモが起きるのだと中国外務省が発表している。中国側が靖国をシンボルにしてしまったのではないかと、私は思うわけですね。

すべてを歴史問題にひっかけてこられたら、これをカードに交渉されたら、日本としても困るわけです。もう国力が近づいているし、十年もしないうちに、中国の経済は日本と並ぶのですから。核兵器を持っている中国のほうが、国力は圧倒的に強くなるわけですよ。にもかかわらず、これからもずっと、交渉のたびに「中国には何の落ち度もない。歴史を反省しない日本が悪い」「日本が侵略したのだから、日本がすべて譲歩しろ」と言われてもねえ。そういう状況を、これからの日本の若い世代にまで押し付けるわけにはいかないでしょう。

朱 ◉中国の市民や学生の間に、日本に対して礼儀を欠くような行動を取る人がいて、また過去の日本を今日の日本と混同して批判すること、中国の多くの学者は、これはおかしいと思っているのです。

しかし中国国内で、ナショナリズムが台頭している。そうした中で小泉首相が靖国参拝を続け、それを増幅させてしまったことは紛れもない事実です。中国政府は当初、それを政府間の問題に限定しようとし、特に二〇〇二年十月に党の総書記に就任した胡錦濤《こきんとう》さんは歴史問題を日本へのカードにする発想を毛頭持っていないと、いろんな状況証拠が示しています。しかし中国社会は十年前に比べて変わりました。情報を隠すことができなくなっています。そのような中国社会の変化を、小泉首相がもっと早く気付いて、対応すべきであったと思うのですね。

〇一年、〇二年以降、靖国問題を長びかせてしまったということが、東大の田中明彦さんがおっしゃったように、靖国問題を記号化してしまった。それが双方の国民感情に与える悪影響を、充分に見るべきです。

おっしゃるように、二〇〇二年、〇三年以降、靖国以外の問題がいろいろ出てきた。それが出てきた背景には、中国のナショナリズムの問題もあるのです。だから中国政府は、靖国問題をそのまま長く硬直させておくと大変なことになるという、そのメッセージを日本側にずっと送り続けてきた。「政冷経熱」説を日本側に語ったのもそのためです。しかし、胡錦濤《こきんとう》政権は本当は民間の反日感情を抑えるために、経済への悪影響を抑えるために「靖国問題を早く解決してくれ」とのメッセージを送ったのに、日本側は逆に対日カード、対日圧力と受け止めたのですね。

小泉アジア外交の欠陥

朱●小泉首相が続けて参拝したことで、日中関係はもちろん、日本のアジア外交にも大きな影響を与えたことに触れておきたいと思います。小泉さんのアジア外交をみると、本当にここ数年何をやったのか、という問題があると思います。

第一、小泉首相は完全にアメリカべったりで、「日米関係さえよければ日中、日韓も良くなってくる」との名言を残したほどです。しかしアメリカという国は仁義道徳で出来上がっている国ではなく、冷徹な国益計算で日本との関係を捉えていると思います。日本が下駄をすべてアメリカに預けるのは、自ら自分の外交の幅を狭めるもので、逆にアメリカにもっと利用されることがあっても、重視されることがないという逆説的な結果になります。たとえば靖国問題でも、アメリカは日本に婉曲に圧力を加えています。

第二、韓国という大事なパートナーを失いました。日本はある意味で、〇一年ごろまで、アジア外交を割にうまくやっていたと言えるのですね。韓国との〇二年のワールドカップ共催をピークに、韓国をかなり引っ張り込んできました。政治力学的に見ても、中国と韓国を切り離したら中国だけでは歴史問題の対日批判ができにくくなるし、国際的な説得力も弱くなります。しかし小泉時代、それまで十年余り韓国との間に築いてきた信頼関係を一挙に壊してしまいました。日本国内ではすべて盧武鉉大統領が反日だから、という図式で捉えていますが、江沢民イコール反日という図式と同じように、自分側の問題の反省と自己批判を回避するための口実のように思われますし、相手の政府や国民への細かい配慮を阻害するものにもなります。

第三、言うまでもなく、中国との関係の悪化です。中国の学者の間では、小泉さんは国内の人気度で政権を維持するようなもので、そのため、どこか外部にノーと言うことで、閉塞感に満ちた社会で人気を獲得する必要があると分析されています。アメリカにはノーと言えないし、北朝鮮に言い続けても国内での効果は限定的です。そのため、国内の人気を得るための、格好な「毅然たる」姿勢を示す対象として中国が選ばれた、という見方があります。しかし日中両国の国民の間に、ここ数年の政治対立がもたらした相互不信ないし敵対の感情を植え付けたことは、意図的ではないにせよ、責任が重大です。

第四、東南アジアとも、関係が後退しました。去年末のアセアン（東南アジア諸国連合）10プラス3の会合で、アセアン諸国の首相はいずれも小泉首相に対して、中国・韓国との関係を善処せよと申し入れました。しかし中国の胡錦濤主席の前ではそれを言っていません。

上村●アメリカが仁義道徳の国云云という指摘には驚きました。そういう考え方はしないですねえ、日本では。そもそも、そんな国があるのだろうか。

私は小泉さんのアジア外交で問題なのは、中国・韓国だけだと思いますけどね。東南アジアは別だと思う。

朱●いや、それは大きいんですよ。去年の日本の国連安保理常任理事国入りを目指す決議案に関して、日本はこれまで四、五十年間、いわば東南アジアを自分の裏庭のように大切にしてきたのですが、小泉時代に入ってからの心理的な距離によって、最後にそのいずれも、日本を支持する提案国にならなかったのです。

上村●日本が東南アジアの取り込みに失敗したとおっしゃいました。でもそれは違う事情によるものです。つまり日本は、日米安保の傘の下に入っていますから、外に対しては軍事力は展開しませんよね。ですから東南アジアにもし有事があったときに守ってくれるのは、あるいは抑止力的なものになってくれるのは、アメリカしかないわけですね。だけど今、中国のプレゼンスが大きくなっている。

そうしたらですね、東南アジアが対象として考えるとしたら中国かアメリカであって、日本ではないわけです、そもそもが。日本の外交というのは、その部分では全然影響力を発揮できないわけです。ですからそれをもってアジア外交というならば、最初から日本はそういう役割はできないわけです。

経済的に支援をするだけ、経済的な部分での関係しか作れないわけです。安全保障に関しては、中国の方が圧倒的に強いわけですから。陸続きだし、核兵器を持っているし、国連安保理の常任理事国でもある。東南アジアの安全保障の問題をもって、日本はアジア外交をしなかったということにはならないと思いますね。

それから国連安保理問題についても、中国がすさまじい切り崩しをしているというのは、日本の外務省の高官が言っているじゃないですか。

要するに中国がありとあらゆる手を使って、日本ドイツ提案を潰しに回ったわけです。中国だって、日本に何もしなかったわけではないでしょう。中国自身も日本のアジア外交に対して、あるいはアジア外交というか、東南アジアに対して影響力を行使したわけですから。

それは別に小泉さんが悪いわけではないですよね。中国が自分たちの国家戦略として、日本が国連安保理に入ることについて抵抗があった、困ると思っていたのでしょう。自分たちのアジアでのイニシアチブに影響が出ると思ったのでしょう。

日本はアメリカと引っ付いているといいますけれど、そもそも日本の安全保障というのはアメリカに依存しているわけですから。日米が同盟関係を作って、あるいはそれを強化しようとするのは、当たり前のことであって、それを変えること自体がおかしいと思うのです。日本がアメリカと手を切って、自前の軍事力を整備したり、憲法を変えたり、核武装するなんて言い出したら、中国も困るのじゃないですか。

朱●いや、安全保障問題と、東南アジアとの友好関係、信頼関係、あるいは国連で支持を得られる努力というのは別の問題ですよ。

上村●でも、あの朝日新聞ですらこんなことを報じていますよ。タイのどなたかがインタビューに対してですね「いや、日本が普通の国にならなければ、東南アジアだって、いくら日本が東南アジアとの関係で、安全保障を含めた外交をしようと思っても、それは難しいです」と答えたと。

朱●七〇年代から、福田赳夫首相（当時）が東南アジアに対して心の触れ合いを強調する「福田ドクトリン」を出して、信頼関係をつみ重ねてきました。そのため、マハティール・マレーシア首相（当時）は「ルック・イースト政策」まで打ち出しました。そのときに比べ、日本との関係が後退し、互いの心に隙間ができたことは事実ではないですか。それは相手の問題というより、ここ数年、東南アジアへの配慮が薄れたこと、アセアンとの関係はいずれも中国外交への反応でするようになったこと、そこの問題は大きいでしょう。

今の中国の力は確かに東南アジアで急速に伸びています。しかし中国がアセアン諸国を意のままに動かすほどの力と考えるなら、それは誇張でしょう。

上村●いや、まさにそうですよ。そこなんですよ。中国のプレゼンスが大きいのですよ。

朱●それはあらかじめ大きいというより、ここ数年、小泉首相がそこに目をやっていない間、中国が涙ぐましい努力をしている側面はあるでしょう。東南アジアとの関係で中国はここ数年何をしたか。たとえばベトナムとの関係では、わずか二十年前まで国境戦争まで戦っていたわけですから、東南アジアの中国への警戒感は、はるかに日本より大きかったのです。それで中国はどうやって乗り越えたかというと、ここ数年さまざまな努力をして……。

上村●いや、乗り越えてはいないです。

朱●いや、聞いてください。それは例えばベトナムとの関係ですが、ベトナムは九七年以降、アセアンの一員になって、言ってみれば中国脅威論を一番あおっていたわけですね。

それがなぜ二〇〇一年以降、今の自由貿易協定（ＦＴＡ）の交渉で賛成に回ったのか。中国はベトナムとの国境問題の解決で相手に心から中国の善意を信用させる、少なくともある程度信じさせる努力を重ねてきたのです。中国はベトナムとの陸上国境の画定において、かつてあんなに戦ったところを、実は大半をベトナムに譲ったのですよ。国境線が、互いに曖昧だったところだったのですけれども、九九年十二月三十一日で最終国境協定を結びました。去年の初めにベトナムに行って聞いたら、実は五三％の海域はベトナムに確定し、条約が結ばれました。それにトンキン湾も、今は排他的経済水域が最終的にベトナムですね、半分以上が。小国のベトナムに配慮したのですよ。南シナ海の紛争は多くの国を巻き込んでいるのですからすぐ解決はできませんが、去年から、中国とベトナム、フィリピンが一緒に南シナ海の海底油田を探査する作業を始めたのです。

次に、日本の国連安保理常任理事国を目指すことに関する中国の対応ですが、挫折しているからすべて、少なくても大半の責任を中国に負わせようとしていますが、中国は確かに日本反対の裏工作をしたと思います。ただし、時系列で厳密に検証する必要もあります。私が中国の各方面に対して取材・調査したところによれば、中国外務省が本当に日本の常任理事国反対の方針を決めたのは去年の五月からです。そのため、五月、六月の二カ月間にアフリカ諸国などに、G４案への不支持を働きかけたと思います。

問題はその前です。私の調査で分かったことは、おととし（〇四年）の末あたり、実は中国政府は相当迷いがあり、少なくともその時点で第三国に対して「反日工作」をしていなかったのは間違いのない事実です。

それが今年の三月に、アナン国連事務総長が、日本が安保理に入るだろうと言って、中国国内の民間で反発の声がパーと出てきたわけですね。中国民間の反対は、実は中国政府の動揺に向けられた一面もあったのです。

しかし日本のその対応で言うと、〇四年六月、国連駐在のある大使が、朝日新聞のインタビューで「とにかく我々の国連安保理入り戦略は、フランス、イギリスを共同提案国にして、アメリカ、ロシアを賛成に回させ、中国を押し切る」といった趣旨の発言をしました。

つまり日本の国益に関わるこの大きな問題で、中国側にいろんな動きがあったのにもかかわらず、中国との取引、中国への対応を一切せず、押し切ろうとしたと中国で受け止められています。

少なくとも〇五年一月までの段階で聞いた話ですが、中国外交当局は日中関係への影響を真剣に考えて、日本の国連安保理常任理事国入りの問題で態度を決めかねていたのです。

「我々が反対した結果、日本が常任理事国になれなかったら、日本国民の恨みは全部中国に向けられてしまうだろう。それはぜひ避けたい。かといって、我々が仮に棄権したとしても、日本が常任理事国になっても中国に感謝しないし、逆になれなかったら依然中国が悪者とされます」。

「だったら発想を変えて、その問題で日本と取引きしようじゃないか。日本の常任理事国入りについて賛成に回ってもいいが、別問題で日本が譲歩して、取引することだ」。

このような話を北京の外交筋から直接に聞いています。その期間に、中国はいろんなシグナルを日本側に送った。これは紛れのない事実です。しかし日本側は、そういうシグナルを一切取り合おうとしなかった。一つの原因は「中国はどうせ賛成してくれるわけがない」という硬直した認識と、最新情報収集の失敗であり、もう一つは札束を重ねてアフリカなどに働きかけた成果を過大評価したことです。

また、最大の誤算はアメリカの支持に賭けたことです。イラクへの自衛隊派遣を含め、日本からすればここまで親米的な姿勢をしているのだから、国連常任理事国問題では当然支持してくれると思っていたが、結局最後はまさにアメリカから反対されて、決定的に失敗したわけですね。ですから中国に関する分析は、もうちょっと細かくする必要があると思うのですね。

上村●まあ、安保理でどういう取引きがあったのか、わかりませんけれどね。〇五年五月、阿南惟茂駐中国大使（当時）が、自民党外交関係合同部会で「中国は基本的に（日本の常任理事国入りに）反対だ。小泉純一郎首相が靖国神社の参拝をしないなら中国が賛成に回るということもないと思う」というようなことを言っています。中国は自国の戦略の一貫として、日本の安保理常任理事国入りを阻止しようとしたのだから、その通りなんでしょう。

朱●外交というのは、一％でも可能性があれば、しかも日本にとってそれほど重要なことであれば、ほんの一％の可能性でも最大限に求めるべきではないですか。その努力を放棄したのは事実です。

中国のある人は後で冗談で言ったのです。日本の指導者は本当に長期的な国益を考えて、本当に国連の安保理理事国ということに重みを感じているのならば、中国からどんな条件でも、まずそれを受け入れる姿勢を示して駆け引きすることだ。なんと言っても、ほかの問題は一時的な要素が多いが、国連安保理常任理事国入りの問題は数十年にわたって影響が残ることです。しかし去年は国連創立六十周年で、タイミングとしては一番よかったのです。

上村●では、どんな取引きがあると思いますか。どういう条件が。

朱●当時、おそらくは一つは靖国の話があったと思います。もう一つは台湾問題でしょう。そのいずれも日本が受け入れられないような要求ではなかったと理解しています。

中国の核心的国益に関わる問題は、台湾ですね。つまり台湾問題について、万が一の「台湾有事」が発生した場合、日本が本当にそのまま米国について、台湾に武力介入してくるのではないかという心配が中国側にあったわけですね。

その点について、中国側は橋本龍太郎首相の時に、懸念を示したことがあると聞いています。橋本首相は「我々は日米同盟を結んでいるから、それに当然ついていく。しかし台湾問題に関しては、その時々の事態で自主的に判断する。自動的にアメリカについて何かやるわけではない」と説明し、ひとまず安心させたようです。しかし去年春、日米外相と国防相の2プラス2会談後の共同声明で、初めて台湾に言及し、中国側は懸念を募らせました。

本当は橋本首相がかつて話した内容を、もう一回中国に釈明することを含めて、取引する可能性は相当あったと思います。

このメッセージを私は自民党のある会合で伝え、その場に日本外務省の中国担当者もいました。手順として日本側は靖国問題と台湾問題で中国にある程度のシグナルを水面下でいいから送る。それに対して、中国国内の事情もあるので、数週間のクッションを置いてたとえばニューヨークの国連の場で中国側代表が「日中が共にアジアの代表として、国連の発展に貢献しよう」というような形で日本側に表明する。その上で具体的な条件交渉に入る、と申し上げたわけです。

日本外務省の担当者はこれについて何を言ったかというと、「いや、それは中国から先に日本の国連常任理事国入りへの支持を表明して欲しい」とか言うのですね。問題の重大さをわきまえずに、まだ小細工を弄する対応をしているなとその場で感じました。

――この話は初めて聞きました。マスコミに流れていないですね、

朱●要するに何が言いたいのかと言うと、本当に日本外交の大きいことを考えるならば、一%でも可能性があれば執拗に求めるべきではないかと。それをやらなかったのは、外交担当者の怠慢、失格です。

上村●日本のことを大変心配して下さっているようで、私にかわって日本外務省に注文をつけていただいて、ありがとうございます。私は別に、日本がそもそも、無理してまで国連安保理の常任理事国になる必要はないと考えてますけどね。アジアのリーダーになる必要もないと思っているし。

それにしても、取引きが成立しなかったというのとは別に、どうして譲歩しなかったのかと言うことについてはですね、だっていつもいつも日本だけが譲歩するわけにはいかないでしょう。台湾問題もまた、日本の安全保障にかかわるわけだし。

朱●ですから、日本外交は大を取るか、小を取るかの判断を迫られたのです。それが日本が一方的に譲歩するという次元じゃないのですよ。台湾問題で別に台湾を売り渡せ、と言っているわけではない。最近の台湾情勢を見れば、米中両国は完全に「現状維持」で合意に達しているといえます。橋本時代のような態度表明をしていれば別に日本の安全保障にマイナスではないし、要するに、外交の硬直性と中国への過剰な警戒感・ライバル意識があって、そのために安保理入りの可能性を自ら放棄したのです。

上村　でも中国に譲歩したから、じゃあそれでクリアーできるかというと、別に中国だけが問題ではなかったわけですね。もし中国が賛成してくれても、最後はアメリカが受けるかどうかという問題が、当時ありましたね。

朱　いや、中国との取引が成立すれば、今後も中国は引っ込めなくなりますし、アメリカへの圧力にもなります。逆にアメリカが仮に支持するとしても、これまでの常任理事国が最終否決権を持っていることを日本政府は知っていたはずです。

上村　いや、アメリカはあのパッケージには反対していたわけでしょう。中国が何か言ったからって、アメリカが聞くわけないでしょう。中国だって最近、国連でアメリカに拒否権をつきつけたことがありますか。そんなことできないじゃないですか。アメリカはそもそも、日本が入るのには賛成するけれど、他の国が入るのは困るという立場です。

必ずしもアメリカがそれを支持したというわけではないのですから。

私はニューヨークの国連本部を三年半、取材しましたがね、あそこではアメリカの力が圧倒的ですね。アメリカがうんと言うか言わないか、それでほとんどが決まる。アメリカは自分の言うことが通らなかったら、イラク戦争がその典型だけど、勝手に国連を無視してしまう。

朱　それは弁解ですね、それだったら中国から反対されても中国の悪口を言わなくてもいいじゃないですか。どうせアメリカは反対するからと言うなら。

マスコミ報道の問題点

上村●日中関係を複雑にしているもう一つの要因として、日本と中国の間の体制の違いがありますね。たとえば今年に入っても、中国の崔天凱《さいてんがい》外務省アジア局長が、日本の報道がおかしいといいました。中国は自国のメディアをしっかり管理しているのに、どうして日本政府は日本のメディアをしっかり指導しないのか、というふうなことをおっしゃっているんですね。

おそらく昔も言ってたのではないかと思うのですね。ただ今になってそういうのが表に出てきて、非常に日本の方で反発が起きる。そういった問題が起きていますね。

朱●今おっしゃった問題で、唐家璇《とうかせん》さんも「中国はマスコミを指導している。日本も指導しなさい」と言ったと報じられた。でもね、中国語で使った言葉は「引導（インタオ）」ですね。「引導」という言葉は、決して指導ではないのですよ。命令ではないのですよ。ですからそれは受け止め方の問題です。

上村●でもやはり干渉ではないですか。

朱●いやいや。「引導」というのは政府が、事実と真実をもっと国民に言うべきではないかということです。

上村◉それはおかしいですね。

朱◉たとえばさっきおっしゃった瀋陽の事件でも、結局日本のメディアが、すべて中国が悪いという方向にもっていったのです。事実としては、日本の外交官が中国の警官に「（領事館の中に）入りなさい」と言ったかどうかが問題でした。中国は勝手に入っていないのに、日本の外務省はそれをうやむやにしたまま、メディアでは中国の警官が勝手に日本の外交権を侵害したとの報道を繰り返した。

同じ時期に、大阪の中国総領事館に日本の右翼の人たちが、車をバンとぶつけて突入し、物を壊した。もし中国のマスコミも日本のマスコミと同じようにその映像を繰り返して伝えたら、中国はみな反日になりますよ。

上村◉いいじゃないですか、それも伝えたら。

朱◉私はそこが、政府のバランス感覚が足りないと思うのです。例えば去年春の反日デモ。韓国で何が起きたのか。韓国で小学生数百人が動員されて、ソウルの街頭で反日デモをやったのです。

そして韓国人と結婚した日本人妻が、街角で跪いて日本にかわって謝罪をしたのです。もし日本のマスコミがその映像を繰り返し報道したら、おそらく日本の国民は誰も韓国に好感を持たないでしょう。同じことを中国がやったら、中国は小学生まで動員してやったと。中国在留の日本人妻まで、ここまで侮辱されたと報じるでしょう。私が言いたいのは、こうした報道の問題ですよ。

上村●それは違います。日本人妻に土下座させたりするのは、どうみてもひどいとは思います。事実だとしたら、本当に悲惨な話ですね。しかし、そもそも、韓国のニュースだからわざと報じないということもない。中国だからわざと報じるということもない。韓国の過激な反日行動についても、私はメディアを通じて見たり読んだりしましたよ。

報道というのは、どこに問題があるのかということを指摘して、それを読者とか、あるいはテレビを見ている人に「こういう問題が起きていて、一番大きな問題はここの部分だと思います」ということを提示して、それを国民が判断するものです。判断するのは国民なのですから、事実はちゃんと伝えなければいけないのです。

それを「国民に教えたら国民はおかしな判断をするから、報じてはいけない」なんていうのは、非常に独裁的な発想で、これは絶対に民主主義国家では受け入れられないことです。

朱●その批判は、ちょっと外れていると思います。私が言いたいのは、同じ事象について日本側の報道は、取捨選択があまりにも勝手だということです。

韓国だと、日本人を相当侮辱するような話でも自粛して報じない。中国のことならどんなに悪く書きたてても自制が効かない、ということを言いたいのです。ペルーで日本の日の丸が焼かれてもテレビの一瞬の映像で終わりますが、中国のごく一部の人の過激行為は今でもことあるごとに繰り返し報道される。中国について、国民に客観的な情報を提供していない問題を言っているのです。

中国が言う「引導」という言葉は、中国の社会の変化について、日本のメディアはいい変化も報道したらということと、日本国内の中国悪者論の報道に、少なくとも政府が関与する部分に関しては、問題のさまざまな側面についても説明すべきだということを念頭に言ったと思います。それは、民主主義かどうかは関係ないと思います。

上村●いや、全然違うと思いますね、おっしゃっている意味が。私は全然間違っていると思いますね。ペルーで日本の旗が燃やされたことも問題だし、中国で旗が燃やされたことも問題だけど、それは日本の誰かが「そっちが大事だからそっちをもっとたくさん報じなさい」とか命令しているのではないんですね。

朱●同じ問題が発生しているのに、しかも韓国、ペルーの反日行為がもっと恒常的なのに、中国での一過性的な行動を繰り返して伝えることが当たり前なら、客観性はどこに求めますか。

上村●報道する人たちが、どちらが重要か自分たちで判断したわけです。それで、日中関係の方が大事だと思ったら、こちらを多く報じるのは当たり前でしょう。

それをただ、たくさん報じたら影響があるからやめましょうと言うのは、それこそ誘導と言って、そういったことでマスコミが世論を誘導すべきではないのです。

いろんな情報があって、メディアというのは国民が議論をするための素材を提供しているわけです。もちろん、何を取り上げるかは、メディア自身が判断する。そしてそれを国民が議論をしていって、じゃあどうしましょうとなるのです。

例えば最近の世論調査で、やはり日中関係を良くしなければいけないと言っているわけです、国民が。それは何もメディアがそうしなさいと命令したわけでも、そういう情報だけ流したわけでもないのです。ひどい情報もいっぱい流しているのだけれども、日本国民はそういうふうに判断したのです。

朱　●その通りでね、日本国民はかなり健全だと思うのですが、しかしマスコミのここ数年の報道は、やはり問題だと思いますよ。日本の本屋に行くと、反中の本が、中身が明らかに間違っているにもかかわらず山積みにおいてあることを、健全とは思いません。

例えば瀋陽事件では、共同通信が事前に連絡を受け、現場で待ち構えて撮影した映像がその後、新聞協会で大賞を受賞した。マスコミの常識としてこのような記事は選考の対象になる資格がなかったはずです。反中国だから受賞したのではないかと中国で冷ややかに見られています。

上村●よくわかりません。そういうマスコミの常識があるということは、聞いたことがない。共同通信の記事は、新聞協会賞にふさわしい、すばらしい記事だったと思います。そもそも、反中国だから新聞協会賞が受賞できるなんてことは、絶対にありえない。そういうことなら、ちょっと失礼かもしれないけれど、産経新聞なんかは、毎年、新聞協会賞を受賞しているでしょう。

朱　●また、中国が再三説明したように、日本の館員が中国警察を入れたということを、マスコミは知っているにもかかわらず、今おっしゃっているように、未だに瀋陽事件、瀋陽事件、中国は外交法を無視して入ったと言う。誤報でしょう。みんな知っている誤報なのに、なぜいまだにこれは中国が日本の国民感情を損なった根拠として取り上げるのですか。

上村●いや、今は問題は、誘導した館員がおかしいということになっています。中国のことを批判するのは、当初はそうだったかもしれないけれど。今の時点で言うと、あの館員が自分たちの大使館の中に誘導したのはおかしいと。だからむしろ、日本外務省批判になっているのですよ。

朱●いやいや。先ほどの上村さんのお話は、「瀋陽事件」があって、だから日本の対中感情が悪くなったとなっているでしょう。もともと誤報なのに、中国側の問題ではなく、日本のマスコミの問題じゃないですか。

上村●どれがですか。

朱●瀋陽事件です。今初めて、館員の話が出たんですよ。

上村●だって今館員のことをおっしゃったから、その部分についてはそうじゃないですよと言っているわけでしょう。もちろんその前段階で、館員の話が出る前については、中国の警官の振る舞いが問題とみなされたのです。勝手に領事館に入ってきたような、そういう映像が流れて。北朝鮮を脱出してきた人たちがかわいそうに見えたし。そういう人を力ずくで押さえる中国の警官に、日本人が嫌な感情を持ったかもしれない。どうしてやっと逃げてきた人を、亡命した人を、あんな風に捕まえないといけないのか、と思ったのですよ。

それはそれで、その時点で報じたらいいわけですよ。その後、どうもそれだけじゃなかった、館員も中国の警官を誘導していた、だから本当は、弱腰な日本の外務省がもっとけしからんと。だったらまたそれを報道したらいいわけですよ。そしてそれを報道したんですよ。だから今は、変わっているわけです、論調が。事件が起きて、半年がたって、すべてが判明してから報じるというわけにはいかんでしょう。

朱　もう一つ、日本政府の「誘導」の問題と説明不足の問題があります。たとえば東シナ海の紛争ですが、本来の問題は日本が主張する中間線と中国が主張する大陸棚の延長の間の区分が焦点ですが、いつのまにか、「東シナ海のガス田問題」と称されるようになりました。日本が主張する中間線よりも中国側に位置するガス問題がどうして、東シナ海の紛争の中心的問題になっているか、分かりません。

上村　それは、ガス田が地下でつながっているという見方が出てきたからでしょう。中国が中間線の中国側で採掘したら、日本側にある資源も吸い上げられるのじゃないか、そのあたりを考える必要がある、そういうことでしょう。

朱　日本のマスコミの、中国が開発中の春暁ガス田についての地理的位置づけの報道も恣意的です。私は各新聞の報道を比較してみましたが、ほぼ同じ表現を使っているのですね。一昨年、春暁は日本が主張する中間線から三～五キロ離れていると表現されていたが、去年に入って、一キロ余りといった表現に変わりました。そして今年に入って、「中間線にまたがっている」とほとんど伝えるようになっています。春暁ガス田はどうしてこんなに移動しているのですか。日本人記者の説明を聞くと、実はみなある政府省庁のブリーフィングを聞いて書いているとのことです。政府は自分に有利なようにデータを変えてマスコミに提供しているようですが、これは自制しないといけませんね。

日本のマスコミは裏で相当の規制ないし統制があると聞いています。型破りの報道をすれば次には門前払いされる羽目になります。一九八九年の天皇崩御の時にNHKで翻訳の仕事を手伝っていましたが、天皇について使う表現はみなガイドラインがあってびっくりしました。毛沢東時代の中国はまさにその通りですが、今の中国ではあることについて各マスコミが表現を統一することはとても不可能になっています。今でもマスコミの報道にタブーが多いようですね。

上村●もちろんありますよ、それはそうです。

朱●ですからそれが、単純に日本は報道は自由主義で、中国は共産党だから違うと、そういう問題じゃないですよ。

上村●いや、そうじゃないですよ。それはちょっと、勘違いしておられる……。

朱●私は今民主主義ということで言えば、私は日中ということを考えて、日本の報道は感情的に流れすぎているということを、まず指摘したいのです。今の中国というのがどうも気に入らない、怖い、となったら、全て悪い方向に、圧倒的に悪い方向に報道してしまう。

中国はというと、実はそうではないのですよ。政府が、もちろん今までの報道でいろいろ抑えたりしたのは事実なのですが。しかしここ数年、もう当局は抑えられなくなった。

ですからその部分をもうちょっと見て、中国の社会についてバランスよく見ていくということは、やはり必要だと思いますよ。

上村●まずね、その天皇とかタブーがあるというのはおっしゃる通りです。ですから日本は、日々それを議論しているわけです。タブーをどうやって乗り越えようかという議論をしている、メディアと社会の間でいろんな緊張関係があるわけです。

メディアというのは試行錯誤をしながら仕事しているのであって、何も完成した民主主義があるとか、完全な自由とか、完全なメディアなんて、そんなものはどこの国でもないわけです。みんな日々前進しようと思って、懸命に仕事をしているわけですね。

だから私もメディアに関して、日本が白で中国が黒であるとは言いません。まあ、日本は報道、中国は宣伝という、決定的な違いはあるのでしょうが。

例えばですよ、去年（〇五年）の八月に天皇陛下と皇后陛下がサイパン島に行って、亡くなった方に頭を下げた時に、中国のメディアはどう報じたかというと、要するに軍国主義を賛美したというのが、中国の新聞に一斉に流れた。

朱●ちょっと待ってください。その「一斉に流れた」というのは、正確な表現ではありません。天皇陛下の談話は、非常に高く評価して報道しているのです。ある一つの表現を持ってきて、中国政府がそれをみな指導したというのは間違いです。

上村●もちろん指示したとは言いませんけれど。では日本のメディアが、中国のマイナスのところばかり、あるいは反日感情ばかりを報じているというけれど、私は別にそうだとは思いません。名前はあえて出しませんが、中国大好きの新聞もあって、もっと多様だと思うけれど。逆に中国のメディアは多様かというと、中国のメディアはみんな反日じゃないですか。

朱●いやいや、みんな反日とは思っていません。『人民日報』を見てください。

上村●『人民日報』は、誰も読まないじゃないですか（笑）。

朱●いやいや、それこそ党の機関紙で、日本は『人民日報』に書くと、それは政府の立場であると言っているじゃないですか。

上村●でも一般の人が読む『新京報』とかは、もう毎日、反日記事一色じゃないですか。

朱●中国のマスコミにいっぱい問題があるのは、それは事実ですよ。だから中国政府はいろいろ、そういうことをやってはいけないと言っているんです。

私が日本のマスコミで感じた問題をさらに二点言いますけれど。一時期、在日外国人の犯罪で、人の家に押し入った事件は、みな「中国人風」と平気に伝えられたでしょう。各マスコミとも、みな「中国人風」という無責任な表現を使っていました。最後にある学者が出てきて、これはおかしいと指摘してようやく止めました。しかし実際は「中国人風」と報道された犯罪のうち、中国人ではない犯罪だったことも後で明らかになっています。

もう一つですけれど、最近中国人妻による殺人事件が起きて、問題になった。それはいいんですよ。しかしいつの間にか各マスコミ、特にテレビ番組では、とにかく中国人妻がおかしいという話題に一時集中しました。

最近、雑誌の『論座』で誰かが書いたように、このような報道によって、あたかも中国人妻が皆危険だというような、イメージを与えた。そういうような報道はおかしいという指摘も出ているんです。

そこの部分で私が言いたいのは、例えば日本は韓国については配慮できているんですよ。例えばこの間の京都で、日本人をレイプしたりする事件があったけれど、その報道には韓国人ということは一言も出ないのです。ちゃんと配慮ができている。問題は中国に対しては違う。とっくに帰化して日本人の名前にも改名した「元中国人妻」でも悪いことをしたら「中国人」であることが強調されていると、多くの在日中国人は言っています。

上村●韓国にだけ配慮しているというのは、ないと思います。私の知る限り、まあ一部の新聞はどうか知らないけれど、基本的にそんなことはない。
中国人妻による事件があって、そればかりクローズアップされるのはおかしいというのは、おっしゃるとおりでしょう。でも、それを行きすぎだと批判するメディアもあるじゃないですか、日本の場合は。そういうことが一時、バーッと報道された。でもそれはおかしいという議論がまた出てくるじゃないですか。そしてまた、違う意見が出てくる。そうやって、いろんな意見が出て議論が始まり、集約されていくというのが、大事なわけですよ。

朱●中国も、同じプロセスじゃないですか。今の中国の中で、おっしゃる『新京報』を含めて、最近いろんな自己反省の記事が出て、日本についてもっと知ろう、理解しよう、との意見が掲載されています。

上村●中国のマスコミは、自分たちの判断でやっているわけではないでしょう、それは。メディア自身の判断じゃないでしょ。

朱●いや、ちょっと違います。『新京報』を含めて、もはや新聞は政府からお金をもらっていないのです。市場原理が導入されているので。だから、政府のいうことを聞くわけではないのです。

上村●だってさっき中国外務省が、「引導」とおっしゃったじゃないですか。中国は自分たちのメディアを管理しているから、あなたたちも管理しなさいよと。

朱●いや、管理はできないから、アドバイスをするようにと言ったのです。ですから「引導」を管理と訳すことは、それは日本の理解の問題です。

上村●誘導でしょう。

朱●いや、誘導じゃないんです。

上村●それでは、何と訳したらいいのですか。

朱●「引導」はね、やはりそういうことは両方のバランスを考えなさいと、アドバイスをしたらどうですかということです。

上村●とてもそういうふうには見えないですね。私の知っている中国の記者、編集者は、ちょっと公害問題を書いただけで、上からがんがんたたかれたり、更迭されたりしているのに。

朱●「引導」はアドバイスですよ。

上村●仮にそうだとしても、よその国のメディアにねえ……。

――**英語では、「引導」はアドバイスですか？**

朱●英語でどう訳されているかは分かりません。「引導」というのは「バランスよく見るようにアドバイスすること」です。

上村●でも中国外務省の人が、どうして日本のメディアにではなく、日本の政府にそういうことを言わなければいけないのですか。

朱●先ほど言ったでしょう。一部は日本政府は問題の経緯、各側面を知っているのだから、事実の真相やいろんな側面を、もっと説明すべきではないかと。例えば最近、防衛庁から「中国軍用機に対する自衛隊機のスクランブルが急増した」との発表があったのですね。各新聞ともこれを一斉に大きく伝え、京都で講演した後、「中国軍用機はなぜ繰り返し、日本の領空を侵犯するのですか」と聞かれました。

しかし確認したところ、日本は東シナ海の中間線あたりで一方的に防空識別圏を設定し、それに近づく中国軍用機に対してスクランブルを発動したわけですが、しかしそのケースに当たる中国軍用機の大半は日本が主張する中間線よりも中国側を飛んでいるのですよ。過去一年間、日本の領海と領空を侵犯したのはロシアの軍艦と軍用機のそれぞれ一回のみでした。

上村　だったら中国側が日本の外務省に対して、「あなた方は日本のメディアにちゃんと情報を公開しなさい」と言えばいいわけでしょう。どうして「日本のメディアを引導しなさい」と言わなければならないのですか。

朱　例えばいま中国では、日本のODAについて、たくさん報道されている。そういう情報をもっと日本のマスコミに提供すべきではないかと。そのことをやっていないのではないかということです。

例えば上海総領事館員の自殺事件ですが、五通の遺書を残しているにもかかわらず、中国公安当局がいかに悪いかという部分ばかりをリークしているが、ほかにどういう内容があるかもバランスよく言うべきではありませんか。「プライバシーの保護」を理由に、逆に遺族として一番いやな男女の情事関係がリークされて、上司や同僚との関係やトラブルなどが伏せられたままのようですが、それについてもっとバランスよく公表すべきではないですか。

ですからそのような中国悪者論の報道が繰り返されると、中国側としても日本政府が本当に客観的な情報を提供しているかどうか、マスコミを利用して中国へ圧力を加えているのではないかと疑ってしまいます。その意味で、正しく「引導」するように、と言っているニュアンスの一つは日本政府の一部あるいは政治家が、マスコミをある方向に「誘導」して政治利用しているのではないかとちくりと刺したとも解釈できます。

上村●中国外務省が日本に対して、政府を通して日本のメディアに対して中国のことをもっとちゃんと書けという前に、日本のメディアが中国で自由に取材できるようにしたらいいわけですよ。

だって何も自由に取材させないでおいてですよ、全部許可を取らないと取材できないようにしておいて、それで自分たちにいいことを書けと言ったら、そんなことは日本のメディアが受けるわけがないじゃないですか。むしろ反中感情が強くなりますよ。

朱●おっしゃるとおりですね。中国のマスコミと日本のマスコミ、それぞれ多くの問題を抱えていますね。自由度や開放度という面で日本のほうが上であることは言うまでもありません。ただ、すべて日本が善、中国が悪という図式ではないことを言いたかったのです。

また、十年ほどのスパンで中国の変化を見る必要もあるでしょう。私は二十年前に、日本に来ました。その時は報道はもちろん、政治・社会体制も、今の北朝鮮に近かったのですよ。しかし経済発展、生活の向上、開放度の向上にともなって中国のマスコミはもはや過去のものではなくなった。そういう変化と、今後どう変わっていくかをあわせてみて、新しい中国像を形成していく必要があるでしょう。

上村●いや、でも、それは中国の事情であって、だからと言って中国が日本のメディアに干渉していいということにはならないでしょう。

朱●干渉じゃないんです。政府がもう少しバランスの取れた情報を提供すべきだという意味です。

——それはそれで、一つの意見ですから。

第4章

中国は
大国になるのか
崩壊するのか?

超大国になる可能性

上村●中国経済について見てみようと思います。一九八〇年代に改革開放政策に踏み出してから、おおむね経済が成長しています。

特に九〇年代以降は、一〇%近い経済成長が続いておりまして、昨年〇五年は国内総生産（GDP）の成長率は九・九%でした。今年はおそらく九・二%になるだろうと予測されています。

中国政府はこれからの五年間の目標を七・五%としていますが、おそらくこれは実現するだろうと、私も思います。

中国の経済成長は、中国自身の予想を上回るペースで伸びているわけで、しかも人民元の切り上げがこれから進む可能性がありますね。そうするとドルベースに換算すると、中国経済の規模はさらに膨れ上がるわけです。

朱●おっしゃるように、中国経済の評価はそれで分かれますよね。一つは購買力平価（それぞれの国の物価を基準に富の大きさを計算し直したもの）で読み直すと、中国の今の経済力すら二倍以上に見積もられて、日本と同じか日本を抜く結果になっています。アメリカ国防総省が中国の国防費を公表数字の二から三倍高く見積もるのも、この計算方法を使っているからです。ただ、この計算方法は参考にはなりますが、国際的には実勢経済を評価するものとしては正式に採用されていません。

それより、為替レートの調整が目に見える形で中国経済力の国際的評価を上げていくでしょう。人民元を二割切り上げたら、イコール中国経済のスケールがそろばんの上で一気に二割膨らむことになります。当面はないのですが、五年、十年で見れば絶対来るんですね。

上村●これまで、アメリカの証券会社とか調査機関の予測では、二〇二五年に中国経済が総体として、つまり全体の規模で日本に追いつくというふうに言われていました。しかし最近は二〇二〇年説が出て、さらに最近は二〇一五年説というのも出ています。

官房長官だった福田康夫さんが二〇〇四年の段階で、「あと六、七年から七、八年すると、中国経済は日本の経済とほぼ同じ規模になる」と発言しておられます。

これはやはり、人民元切り上げなどの要素も踏まえてのことですが、いずれにせよ、中国があと十年もしない間に世界第二位の日本と並ぶ、あるいは日本を追い抜いて世界第二位の経済大国になるのじゃないか、という風に言われております。今から、もうその日の新聞の見出しが頭に浮かんできますね。

まあ、一人当たりのＧＤＰでみると、人口の多い中国はまだまだ低いわけですが。中国の国内にはいろんな問題がありますし、もちろん大混乱する危険も孕んでいるわけです。そんなに直線的に伸びるかどうか分かりませんね。

しかし、中国の経済規模がこれだけ大きくなって、国際経済に組み込まれたわけですから、かりに中国経済が混乱しそうになったら、日本や米国だって、ほっておけないでしょう。

朱　そこのところ、中国の経済力に対する評価は内外で微妙に違うところがあります。中国の中では、中国経済が今後も順調に伸びていくとは、みんな思っていません。外国はその中身を見ないで、大きくなった数字ばかりを見て、中国に対する注文を厳しくしていますね。中国国内の学者は「なんでそこまで言われなければならないのか。我々は米日に比べてまだ規模が小さいし、何よりも内部の困難が大変なのに」と反発しています。

そこはまさに視点の違いですね。あるグラウンドを日中が一緒に走っているとします。十年ぐらい前、中国は日本に比べ、七～八周ぐらい遅れていた。今はわずか三周ぐらい遅れたところまで追い上げました。日本側から見れば、もうここまで追い上げられてきている、中国は実力も潜在力もあって、すぐ追いつかれてしまうのではないかと焦ってきています。私はその点については、中国はもっと日本など、追い上げられている国の心理を理解し、丁寧に説明し、対応する必要があると思います。

でも一方、残りの三周こそ、追い上げるのは大変だと中国側はみな考えています。今後の発展を展望すれば、環境と公害、資源不足と食糧の問題、社会の多元化への対応、政治の変革、そして中央と地方の関係、少数民族の問題などなど、どれ一つ取り上げても対応に失敗したらすべて崩れてしまう恐れがあります。そういうところを主に見るものですから、中国では逆に、日本などは中国の発展を「ほめ殺し」にしている、あるいは脅威論を煽り立てて中国の足を引っ張ろうとしているように捉えてしまいます。

中国自身が立てている目標は、一気に経済大国化するようなことはありえないという見方を前提にしています。人口過多の問題ですが、二〇三〇年ごろに水平成長に抑えると。つまり人口の伸びが、十五億人というところで止まるようにしたいと考えている。でも一方、高齢化という問題が表面化してくる。二〇四〇年ごろまでに、今も続いている砂漠化など環境の悪化を踏みとどまらせて、それ以後は環境を好転させていくことです。今努力はしているのですが、毎年香川県一個分の土地が砂漠化し続けているのです。

そして二〇五〇年までに中国型の発展モデルを本当に形作っていくということを目標にしているので

す。その時点で多くの発展途上国に、自信を以て参考となるモデルを提供できるようにする、というものなのです。

このような中長期的なスパンをもって戦略を立てているから、私は、中国は今後も長期にわたって対外拡張ではなく、自国の経済発展に没頭し、まず世界のお荷物にならないよう努力していくと思います。

しかし中国の中では、まだ外部で見られているような自信は持っていない人が多い。前途に対しても、相当不安を抱いているということは、指摘しておきたいと思います。

上村●私はですね、二〇一〇年代の前半に、中国経済というのは四兆ドルを超えて、日本に追いつくと思います。ただし二〇年頃から高齢化問題が表面化してですね、減速するのではないかと思います。

二〇五〇年にアメリカに並ぶという見方もあるようですが。日本も一九八〇年代には、アメリカをいずれ追い抜くという、「ジャパン　アズ　No.1」というような声が出ていたのですね。だけど、そうならなかったわけです。だから中国も、ある程度までは急速に伸びても、どこかで安定成長に移っていくと思いますね。

中国の場合はさっき言ったように、二〇二〇年代に高齢化問題が表面化して減速が始まり、四三年に人口が十六億人近く、十五億五千七百万人で頭打ちになるわけです。そこでやっと人口増加が止まり、中国はスケールダウンしていきますから、僕はアメリカに追いつくということはないと思います。

いずれにせよ、中国経済がこれからも成長していくのは間違いないと思います。ただし大変大きな国ですから、日本にももちろん問題があったわけですが、それ以上に大きな問題が出てくるだろうと思います。そして最大の問題は、格差と腐敗だと私は見ています。

一つは地域格差、貧富の格差。沿海の工業地帯、上海とか広東とか、そういった工業都市に外国の投資が流入して、工場がいっぱいできて、大変な経済成長を遂げて豊かになっています。その一方、交通の便の良くない四川省や貴州省に代表される内陸の農村地帯は、なかなかテイクオフできない。経済成長の伸びが、沿海地方にまったく追いつけない。その結果、沿海と内陸の格差がずっと拡大してきたわけですね。中国政府はもちろんよく知っておられて、できるだけこれを緩和しようとしてきた。

ここ数年、十年近く、格差をなくすのは不可能ですから、少しでも緩和しようとさまざまな対策をとってきたわけです。西部大開発とか、東北振興もそうですね。要するに財政を投入することで、内陸地域でも工業化を進めようとしてきた。

だけど、なかなか目に見えた成果は上がっていないわけですね。この問題が、中国全体の非常に大きな不安定要因となっています。

地域間の格差、貧富の格差について話してきましたけれど、実は北京や上海といった大都市の中にも、貧富の格差というものがあるのですね。それもまた、非常に深刻な問題なのではないかという議論があります。

どういうことかというと、上海や広東にたくさん工場がありますね、外資系企業の。そこに農村から出稼ぎに来る人が、たくさんいるわけです。そこに出稼ぎに来る人たちの賃金はそれほど高くないですし、子供さんなんかがいた場合、子供をなかなか学校に行かせられない。

そうした人たちが都市部でお金を儲けている人たちに対して、ある種の複雑な感情をもっていますね。それに火がついた時に、一挙に都市部が不安定化するのではないかという指摘もあります。相当な数の労働者が今、北京、上海、広東にいますから、彼らが暴徒化した時に、大変深刻な事態になるかもしれません。

昨年の、〇五年春の反日デモの時に、上海当局が非常に過敏になった。それから他の大都市でも、デモの暴徒化にとても過敏になりました。それはデモが拡大していって、都市の出稼ぎ労働者に飛び火して、暴動が一挙に広がるのではないかという懸念があったわけです。

その場合に何がおきるかと言うと、中国は今外資が、中国経済の非常に大きな部分を占めていますが、その外資で働く外国人の安全に影響が出るわけです。彼らもまた狙い撃ちされる危険がある。そうすると、外資が逃げていく可能性がある。外資が逃げていくと、中国経済は一気に減速します。それがひいては、中国全体の混乱につながりかねない。

世界銀行なども、「二〇二〇年の中国」という予測レポートを出していまして、基調は中国の将来について楽観的なのですね、おそらく成長を続けていくだろうと。不安要因があるとしたら、都市部の労働者が不満をおこして暴動を始めることだろうと書いている。それが中国の混乱の発火点といいますか、導火線といいますか、そういうものになる危険があると指摘しています。

もう一つは、腐敗問題ですね。先ほどの問題は政策的な問題ですから、政策である程度緩和できるのかもしれませんが、腐敗問題というのは、社会構造の問題に関わっています。中国は共産党一党独裁ですから、共産党幹部、あるいは政府の幹部の人たちは、たいへん大きな権力を持っているわけですね。しかもその権力がチェックされないわけです。つまり通常の国だと野党がありまして、与党がおかしなことをしたら選挙で打ち負かすことができるわけですね。ですからその野党の存在自体が、チェック機能になる。それからよその国では裁判所が独立していますけれど、中国の裁判所は共産党の幹部が管理している、指導しているわけです。

それから言論機関も、中国の場合は共産党の宣伝機関ですね。政府、共産党の宣伝機関と位置づけられていますから、自由に政府を批判することはできない。ですから官僚がおかしなことをした時に、これをチェックできないわけですね。あるいは官僚に対する抑止機能にならない。

今何がおきているかというと、内陸の農村の貧しい地域、さっきも言いました格差問題で大変困っているわけですが、こういった地域が貧しさから脱却しようと必死になっている。今、電力不足が沿海で深刻ですから、ダムを作ったり火力発電所を作って電気を作って、それを売ればいいじゃないかという風に思うわけですね。それで農民から土地を安く買収して、農民たちをそこから追い払ってしまう。

それに対して農民の人たちが怒って抗議運動をして、警察隊とぶつかる。それによって、暴動が起きる。去年だけでも、暴動が八万件も報告された。そういった形で、この腐敗問題というのは、また格差問題と連動した形で、中国の社会の安定性に影響を及ぼしているわけです。私はこの二つが今の中国経済にとって、最も深刻な問題ではないかと思います。

深刻な腐敗と格差

朱●たくさんの問題がありますが、まず経済と直接関連する問題から話しましょう。中国経済にとってアキレス腱となるのは、資源不足の問題ですね。資源問題の中には、水不足ということも含まれるわけです。

中国の一人当たりの水の所有量は、世界平均の四分の一。しかも中国の中では、水の所有量の八割は南の方にあるのですね、長江流域以南です。言ってみれば、北の方はさらに水が足りない、黄河流域は。そしてそこは、何億人も住んでいるところですね。今後、こうした地域はまず生存の基本条件をどうやって確保していくか、この発展以前の問題から解決をはからないといけないのですね。

格差の問題も、基本的には経済問題の一環と見ています。今日、沿海部、都市部の急速な発展に伴って格差が激化しているのですけれど、構造的要因は豊かな自然と資源を有する沿海部と荒涼たる内陸部の自然条件の差です。千年、二千年以来、中国では一種の二元構造があったわけですね。だから全国レベルの近代化というのは今後も簡単な道ではないと思います。いろいろと乗り越えていかないといけないのです。

こうした問題を併せてみると、胡錦濤指導部も今後の中国の指導者も誰であろうと、対外拡張、覇権を求めるどころか、常に経済第一、国内問題第一という基本方針を持続していかざるを得ないのです。そして、数多くの国内問題を解決するために、対外協調を重視せざるを得ないということです。

腐敗の問題はその通りで、中国の複数のアンケート調査によれば国民が一番不満に思っていることにあげられています。この問題を解決しないと、民衆の不満が本当に爆発しかねないし、政治と政治の民主化の未来も開けないと思います。

ただこの問題も冷静にその背景を見ると、単に共産党体制かどうかというより、伝統文化におけるよくない部分（日本より、袖の下に対して寛容的）もあれば、どちらかといえば、今日の中国の経済・社会体制が転換している中で生じる過渡期的な問題でもあります。かつて毛沢東時代の厳しい支配の下で、腐敗は今日ほど表面化しなかったのですね。なぜなら当時は政治がすべてを決めていたので、ちょっとした腐敗行動でも発覚したら、その人にとって政治生命、すなわち一生涯を一切棒に振るということで、そのリスクは大きかった。

一方、本当に先進国のような法治国家になれば、法律による有効なチェック機能が働けば、問題も発生するが、コントロール不能な、国民の不満の最大の的となるようなところまでは深刻化しないと思います。ところが今の中国では、毛沢東時代と先進社会のちょうど中間に位置する中途半端な段階ですね。かつてのような党の厳しい規律はなくなった。しかし、法治国家にはなっていない。法治とはただ厳しい法律を作ることだけではないのです。法の執行機関（司法、警察など）の公正と権威、さらに国民レベルの順法意識、この三者が合わさって本当の法治国家といえるのですが、今の中国では市場原理がかなり浸透し、共産党による厳密なコントロールは不可能になりました。一方、官僚役人と経営者の癒着を防ぎ、法律を公正に解釈する、執行するシステムは整備されていないため、経済成長の陰で、権力が経済活動に介入し、権力と経済利益が互いに交換されるという歪んだ、前近代的な市場経済が存在するわけです。それが汚職腐敗の温床になっているのですね。この問題は深刻です。中国の将来はこの過渡期をいかに早く乗り越えられるかにかかっていると言っても過言ではありません。もちろん、五年スパンで見れば、中国では法治はかなり進展し、経済発展の先進地域、上海などではかつてのような腐敗横行の現象は減っていると聞いています。

もう一点だけ触れたいのですが、中国を見るうえでただ社会主義や共産主義がすべての問題の源流だ、という視点は止めた方がよいと思います。

民主化はいいことです。中国も将来的には国政レベルの民主体制が必要だと思います。しかし民主化は万能薬ではないし、民主化すれば貧困、腐敗の問題も簡単に解決できるというわけではありません。

世界ではいわゆる民主主義の体制を取っている国は、ラテンアメリカを含めて、今の東欧、アフリカ、インドを含めて、たくさんあります。だがいずれも汚職腐敗の問題は解決していなくて、むしろ中国より深刻な所はたくさんあるし、インドは人間が生来不平等であるカースト制度すら解消できていないのですね。

何を言いたいかというと、諸問題の抜本的解決はやはり、経済発展、国民生活を向上させながら、市場メカニズムと共に、法治国家、平等に分配するシステムを先に確立することです。それが総合的に出来上がって、初めて先進国の段階に入り、その時点で民主主義体制がすべての国民に幸せを約束できる。中国は、このように一歩一歩着実に民主化の基礎を打ち立てていかなくてはならないと思います。

上村◉そうすると、共産党独裁体制を変えなくても、腐敗はなくしていけるということですか。

朱◉私は、究極的には共産党体制も経済と社会の発展に伴って変わっていくのだろうと思いますが、ただそれと今の腐敗とは必然的な関係ではないということです。共産党政権だから腐敗すると言うより、今の中国の発展段階、インドの発展段階が汚職腐敗を根絶できないという問題はあると思います。

上村◉これは難しい問題です。実は腐敗については、もう一つの議論がありましてね。要するに中国の社会システム自体に問題があるのではないかという指摘がある。

つまり清朝時代、あるいはそれ以前の時代からですね、「昇官発財（ションクアン・ファーツァイ）」。要するに「官位が高くなり金持ちになる」という言葉がある。

家産官僚制という言葉がありますね。家父長支配の皇帝が、国の財産をまるで自分の財産のように扱う。そういう皇帝がいて、その下に同じような発想をする官僚がいて、これを支えているという、家産官僚制というのが昔からよく言われていますよね、中国については。

だから清朝時代にもそういうことがあったし、国民党時代にも腐敗が非常にひどかった。中国共産党の時代になっても、一時期を除くと、特に改革開放政策でお金が動くようになってから、やはり腐敗が深刻化した。

そうするとこれはもう、もっと根深い、何か中国の社会の中にそうしたものがあるのか、という議論にもなりかねないと思うのですけれど。

朱　●その点については、基本的に賛成です。中国の腐敗問題の根源には、いろんな要因がありますが、封建時代から沈殿した多くのマイナスがその主要な原因の一つであるといえます。

中国の封建社会は日本より遥かに長く、そしてかなり高度に発展し、ほぼ自己完結されたような体系になっていました。そのため、その影響は今日になっても打破できないでいると思います。

その一つは「官本位」の発想ですね。日本にもあったのですけれど、特に戦後、多大の努力をして社会全体でそれを克服したのですね。

僕は日本に来て、最初に驚いたことの一つですが、地方に行くと、地方の人は市役所の役人を指して、「彼ら行政側は」「彼ら行政をする人は」という表現を使って民間人と対等な地位にあるとの認識、感覚を持って話をしていることですね。

中国では「彼ら行政側は」という言い方をしない。役人は「幹部」です。つまり我々民間人、経済人、学者より上にいる存在、お上というような受け止め方になります。官に対する制約、チェック体制ができていないので、役人が経済活動に介入して、一部の商人と癒着する状況をもたらしたわけです。

もう一つ、中国は伝統的に公と私の関係がはっきりしなかったのです。特に近代以来、正統なモラル、道徳観が乱れて、なおさら公私混同が一般的に蔓延しています。

日本は同じ儒教の影響を受けたのですが、中国が親孝行の「孝」、血縁関係を重視したのに対して、日本は「忠」という精神を主に受け継いだのですね。

「忠」は、血縁関係ではなく、公に対してのものであり、そこで公私の区別がかなり前から意識されてきたと思います。もちろん日本には別の問題があって、「忠」が強調された伝統社会で、上下関係が特に意識されるが、対等で平等な人間関係、ひいては国際関係の構築にウェートが置かれてこなかったのですね。

ただ近代的法治社会を測る基準で言えば、今の中国社会では、権力を個人のため、親族のために使うということに対する抵抗感が日本より弱いというのが事実です。台湾の陳水扁政権はクリーンな政治を標榜して政権を握ったのですが、わずか数年で、今は娘婿や夫人などが権力をかさに資材を蓄えるほうに走って、ついに一大政治スキャンダルになったのですね。

三点目は、中国人は日本人より、価値判断において金銭というものを重んじる傾向がありますね。ですから同じ中国系の社会で、実際にある程度汚職対策に成功している日本とシンガポールを比較すると分かるのですが。

日本はそれを実現するのに、多大な罰金を科しているわけではないのですね。主に社会的教育および国民レベルの自覚、自律でそれが実現されています。

それに対してシンガポールは、厳しい罰則、罰金でそれを実施しているのです。なぜかというと、中国人にとって教育、自覚による法治の実現は当面は難しいと思われるので、罰金が一番手っ取り早く、しかも有効な手段です。中国本土の法治の実現も、おそらくシンガポール方式、厳しい罰則の導入が近道かもしれませんね。

そういう意味で、中国社会の本当の近代化が実現するのに、伝統思想の改造を含め、道のりが長く、まだまだ時間がかかると思います。

エネルギーと環境問題

上村●さっきおっしゃった中で、エネルギーと環境問題について、もう少し触れたいと思います。

もう何年も前から、中国も石油の輸入国になっていてですね、経済成長を続けていくためにはエネルギーの確保ということが、大変重要になっているわけです。それは当然中東問題にもかかわってきますし、日本でいうと東シナ海のガス田開発の問題とか、そういった問題にも関連してきます。しかし中国がこれから十年、二十年と経済成長を続けていく時に、どういうエネルギー政策を取っていくのかが、今ひとつよく見えない。現在ですら、突然石油の買い付けに走り回ったり、アフリカに行ったりする。

例えばここ数年の上海を見ていると、停電があれだけ続くということは、どう見てもエネルギー、電力供給の見通しを誤ったわけです。経済成長に向けて着実な施策が取られていないわけです。我々としては、中国が無計画に突発的な動きをするということに対して非常に警戒心を持たざるを得なくなっているのです。

朱　◉おっしゃるように中国は国内経済政策も試行錯誤でやってきました。失敗も多かったのです。その一例が九〇年代後半のエネルギー政策とその見通しの甘さだったのです。

話が逸れますが、今の中国では、わずか三年前に引退した朱鎔基首相時代の経済政策に対する批判が、かなり台頭しているのです。

朱鎔基首相は国有経済の打破で歴史的功績を残したことは言うまでもありません。また、日本でも多くの友人がいますし、割に親しみを持って語られます。しかし今から見れば、彼は市場原理を強調すぎたのですね。当時、医療や教育など本来は政府の機能、少なくとも政府の監督下に置かないといけない分野も全部市場に任せるというような政策を推進しようとしました。結果的に今は多くの市民が、高騰する医療費を払えない、病院にいけない。そして一般の国民が平等な教育を受けられない、というような問題が起きています。最近、中国はまた、国の主導で医療福祉、基礎教育を推進する方針に戻そうとしています。

エネルギー政策でも、私の聞いた話では、当時、一部の政府部門や専門家は省エネ政策の早期実施、海外石油資源の長期的確保を提起したのですが、朱鎔基さんはすべて市場原理優先でそれを判断し、今から見れば間違った政策を行ったのです。

当時、中央アジアのカザフスタンから中国に天然ガスや石油を供給する交渉が進められていました。専門家たちはカザフスタンからパイプラインを引いてそのまま中国沿海部までもってくることを計画していました。もちろん当時の中国の財力と技術力ではその実現に困難が多かったのは事実です。しかし朱鎔基首相はあたまから沿海部までのパイプライン構想を否定しました。すべて市場主義に基づいて考えて、「コストが大きすぎる」と否定したのです。

そして「どうしてもやるならば、コストなどの合理性を考えて、カザフスタンからパキスタンなどのインド洋沿岸まで外国資本も巻き込んでパイプラインを敷こう、そしてタンカーで中国の沿海部まで運んでくる方が安い」と主張されたそうです。しかも結局それは国際政治的に見て現実性がなく、いたずらに時間を無駄にし、五年以上過ぎた現在、再び、カザフスタンやロシアの東シベリアから中国領内、沿海部までのパイプライン建設に取り掛かっています。

なお、当時は中国の電力事情の見通しも間違えていました。三峡ダム（湖北省、揚子江を横切る世界最大級のダム）を作れば、電力不足はもはや起こらないと見られていたため、原子力発電所の建設計画もみなストップさせたのです。しかしわずか数年後、およそ二〇〇二年ごろから中国全土において電力不足が深刻な問題になったのです。ここ数年、世界各地で油田利権の確保に必死に走っているのは、国内のエネルギー事情がパニック状態に陥ったからですね。

上村●たしかに、九八年ごろにはアジア危機がありました。同じ時期に、中国は五カ年計画を作っていますから、おそらくアジアの経済は中国も含めてそんなに急成長はしないという見通しを立てたら、予想外に中国経済が成長したというのが確かにあると思いますけれどね。

朱●ただ現時点で、私は中国が世界の石油価格の高騰をもたらしたとは思っていません。石油価格の高騰は、イラク戦争、イラン危機、ロシアによるＥＵへの石油供給のトラブル、ラテンアメリカとアメリカの対立など、複合的な要因によるものだと思います。

また、中国のエネルギー事情についても客観的に分析する必要があります。中国のエネルギー消費量のうち、六割以上は石炭に依存しています。石油の消費量は近年、日本を超えましたが、中国は同時に世界で六番目に大きい石油生産大国でもあるのです。したがって石油の輸入量は、今は日本の輸入をかなり下回っています。およそ日本の六割から七割です。したがって、中国が世界の石油を買い占めているという認識は正しくはありません。

中国のエネルギー政策の問題は僕から見れば、第一に能率の悪さです。全般的に見て、中国のエネルギー効率は日本の八分か九分の一に過ぎません。効率の悪さがむやみに海外で石油を買うことにつながっているし、二酸化炭素（CO_2）の大量排出、大気汚染にも直接に繋っています。この点をようやく認識した胡錦濤、温家宝指導部は今年三月に採択された第十一次五カ年計画では、省エネ政策を全面的に提唱しただけでなく、今後五年間に、エネルギー消費率を二割削減するという具体的目標も盛り込んでいます。

僕は、中国は今後、日本のような先進工業国と同じように、主に海外のエネルギー資源に依存する戦略はとらないと思います。その巨大な資金は確保できないし、エネルギー供給源を外部に頼りすぎると、いつかそれが滞ると、国の命脈が取り押さえられることになるのではないかと懸念しています。

また現状を見ても、中国の石油輸入は日本と同じように、マラッカ海峡などの危険海域に頼りすぎており、中国タンカーの七割以上がマラッカ海峡を経由していると聞いています。安全保障上の問題も出てきていますね。

そこで中国の今のエネルギー戦略は、国内資源に立脚し、能率の向上・省エネの推進を重視し、新型エネルギーの開発に力を入れるというのが基本的な柱になっています。エネルギー供給に関する国際的協調にも積極的に参加していこうという声が国内で出ています。今年四月に胡錦濤主席が訪米した際、両国の合意の一つとして、中国はエネルギー政策の対米協調に応じています。日本は特に省エネや公害防止、新型エネルギーの開発で一歩リードしているので、この面で中国への協力を強化すれば、中国はむやみに海外から石油・天然ガスの輸入に走らずにすむし、日本まで降らせている酸性雨を減らせるし、中国国民の対日感情の改善にもプラスになるだろうと思います。

上村●エネルギーから環境に入りたいのですけれど。エネルギー不足になって何が起きたかというと、中国の各地に火力発電所ができたわけですね。一番手っ取り早い電力確保の方法として。政府に無届の火力発電所が、半分近くを占めてしまった。

要するに、地方政府が勝手にどんどん、中央政府の許可を取らないで火力発電所を作った。その大半が石炭火力ですね。当然環境基準などというものは無視していますから、大変な量の二酸化炭素が出て、煤煙が出てですね、酸性化の問題というのが当然起きていると思うのです。なかなか日本に見えてこないのですが、いずれ日本の環境にも影響を及ぼしてくる可能性はあるわけですね。

それから昨年二〇〇五年の暮れに吉林省で薬品工場が爆発事故を起こしました。ベンゼンが大量に、スンガリーと呼ばれる川、松花江に流れ込んだのですね。この時に、地方当局が情報を公開しなかったために、黒竜江省でパニックが起きた。それからロシアが、ベンゼンが黒竜江に流れ込み、対岸のロシアに影響を及ぼすということで、中国に情報隠しについて抗議する騒ぎになった。この時に中国は、まあ謝罪しているわけですけれど、そういった事件が起きた。

それから最近は広東省でカドミウムが川に流れ、やはり情報公開をしなかったので地元の人たちが抗議行動を起こしている。

そういった環境問題が各地で起きているわけです。もちろん経済が発展しているところでは、日本でも昔は公害問題というのはあったわけですから、それはある程度仕方がないのですけれど。

やはり環境の問題は、情報公開と対策をあわせて考えないといけないですね。火力発電所を作るなら、その煤煙を抑える装置を作らないといけないし。川の流域にそういう危険物を扱う工場があれば、安全対策というのを公開でやってもらわなくてはいけない。

何より大事なのは、公害に絡む事故が起きた時に、すぐに国外も含めて情報を公開しないと、有毒物質がロシア側に流れたり、更に流れて日本海に流れたりという話もあります。周辺国に非常に大きな影響を及ぼしますから、公害対策と情報公開をセットでやってもらわないと、周辺国は困ると思うのですね。

そのあたりについて、中国は今どんなふうに……。

朱
●これからの中国社会における最大の不安定要因の一つがおっしゃるとおり、環境問題ですね。
その問題が深刻化した背景の一つは、アヘン戦争以来、中国人は百数十年ぶりに経済発展の契機をつかんだのですが、もともと個人の経済利益を重視する発想なので、鄧小平時代に入って、とにかく「先に発展しよう」という発想が先行し、環境問題を真剣に考えてこなかったのです。
八〇年代前半、上海で日本研究の大学院で勉学中、ある日中間のシンポジウムで通訳をやりました。その席で日本人学者は、「日本の経験によれば、開発を優先するより、先に環境対策を考えたほうが、後に問題が少ないし、環境問題が起きてからお金を使って対処するよりは、先に環境政策を講じたほうが結果的にコストが低い」とアドバイスしました。問題発生後に措置を取るのに使う金額は、最初に予防として使うお金より三倍も高いとも言われました。

ところが当時の中国側幹部がどう反応したかというと、「日本はかつて環境・公害対策をやらずに先に先進国、豊かな国になった。なのに我々に対して、われわれが一番不足している貴重な資金を優先的に公害対策にまわせと言っているのか。つまり我々は発展しないほうがよいということか」と、そのような反発になってしまったわけですね。日本側の学者はせっかく、日本の六〇年代の失敗の経験を含めて中国側に忠告したかったわけですが、最低限の発展、食事すら全国的に確保できていなかった当時の中国では環境問題は数十年先の話と理解され、むしろ目の前の経済発展を最重視し、それに異論を言う日本側学者の意見を逆に悪意あるものと捉えたのです。社会がある程度まで発展し、そのような体験を持たなければ、環境問題に関する意識を高揚させるのもやはり難しいのですね。

もう一つの問題点は政府の戦略の問題です。中央政府はこの二十年の間、経済発展優先の発想で、とにかくＧＤＰがすべて、工場が多いほどいいという政策を採ってきた。地方の役人を抜擢する時の判断基準も、「GDPをどれぐらいあげたか、外資をどれくらい導入したか」に置かれていました。一部の学者あるいは海外の学者からの問題提起、指摘があったにもかかわらず、江沢民時代、それを早く取り入れようとしなかったのです。そうしたことは、やはり政策の失敗だったと思います。

三番目の背景は、中央と地方との関係にあります。近年になって、北京指導部はすでに環境問題の深刻さを認識し、改善の号令も出したのですが、地方によってまだ発展が遅れていること、あるいは多少公害を排出しても現地の税収につながれば目を瞑るといった発想が依然強いのです。

特に内陸部に行くほど、経済発展が遅れたところほど、中央政府の環境重視の指示をサボタージュしています。しかし一部の地方政府、地方の役人のやり方は民衆の不満を招き、その不満はまた中央指導部に向けられているわけです。聞いた話によると、中国で起きている民衆の抗議事件の内、三割から四割は環境問題をめぐって起きたそうです。

では今後、環境・公害対策をどう進めていけばいいのか。政府の政策、法律の強化とともに、やはり情報公開が重要ですね。外国の疑念を拭い去ると共に、実は地方政府の役人が現地での公害問題を一番隠そうとしているので、情報公開は彼らへの圧力にもなると思います。

中国はこの一、二年、経済と社会の発展に一定の法則があり、中国が先進社会に向けていくには、かつて日本が経験してきたことが参考になると考え始め、海外の経験と教訓からもっと学ぼうという声が強まっています。去年夏に胡錦濤国家主席が、内部のある勉強会でこう話したと聞いています。

「日本も我々と同じように、高度経済成長を経験した。その間、やはり多くの社会問題を経験している。日本はどのようにそれを乗り越えたのか、その経験と教訓をもっと研究せよ」

日本の中国報道はまだ去年四月の「反日デモ」の余韻に浸っていましたが、実は去年の後半から、中国のマスコミや学者の研究においては、日本の社会対策の経験と教訓を紹介するものがかなり増えています。中国社会科学院では、日本の環境対策や基礎教育について、中国へ示唆になるものをまとめる研究プロジェクトが、大きな予算を得て進められていると聞いています。

私が所属する「日本華人教授会議」でも、やはり中国国内のこの種のニーズに合わせて、「日本高度成長期の経験と教訓」という総合タイトルの下で、「日本の知的所有権保護」「日本の社会保障」「日本の労使協調」「省エネ社会を目指す日本」「日本の都市ごみ処理」といった具体的テーマを設定して、各学者が執筆しています。できれば来年の春までに中国で出版しようという計画です。

医療と教育の破綻

上村● 環境問題については、やはり日本はいろいろな経験がありますしね。日本の中でも、環境問題で中国に協力していくべきだという声は出ています。それはなにも、中国に行ってお金儲けをするだけではなくて、日本の環境にとっても大事だということで。そういった議論はありますので、これからの日中間の関係改善のための大きなポイントとして、力を入れていくべきだと思います。

そのためには、ぜひ中国にも、どういう環境問題が起きているのか、情報公開を進めていただければいいと思います。

次は、医療と教育問題が今出ましたので、それについても少し触れたいと思います。

どうして医療問題を取り上げるのかと言いますと、二〇〇三年の春に新型肺炎（ＳＡＲＳ）の問題が発生しましたね。これは、〇二年の暮れに広東省で見つかったのですが、地元政府が情報を公開しなかったため、感染した人がどんどん旧正月に帰省して、病気が全国に広がってしまった。あるいは海外にまで広まってしまった。

そのために大変多くの人、何百人という人が亡くなって、非常に大きな被害が出ました。これはもう既に触れられていることですし、その後胡錦濤さんは情報公開をすべきであるとおっしゃった。情報公開はいいのですが、そこでもう一つ問題になったことがありました。

どういうことかといいますと、農村で感染を疑われる人たちが病院に行こうとしなかった。なぜかと言うと、医療費が非常に高いのに、病気だと確認されると、治療を何日も受けないといけない、あるいは入院しなければいけない。そうなったら破産してしまうと。お金がなくなってしまう、子供を学校に行かせられなくなってしまうというわけです。

そういったことで行かなくなったので、中国政府はあわてて、農村部についてはＳＡＲＳの診療費は無料にします、というようなことを言ったのです。そう言わなければならないほど、農村の人たちにとっては深刻な問題なのですね。

中国政府の調査によると、農村部では診察を受けるべき人の三七％、入院治療をすべき患者の六五％が、医療費が高いということで病院に行けないでいる。五割近い人が、医療を受けられないのではないかと。

それからＳＡＲＳ問題が一段落した時に、世界保健機構（ＷＨＯ）がやはり、中国は医療体制を改革してもらわなければ困ります、というようなことを記者会見で発表したわけですね。

つまり農村部の末端衛生機関、日本でいうと保健所のような、あるいは村の病院のようなところが機能マヒに陥っている。相当数が機能マヒに陥っていて、今のままだと同じような事件が起きた時に、大変なことになってしまうというのです。

どうしてそうなったのかというと、市場経済化の中でたぶん、医療費が高額になったり薬価が高額になった。これは自由化したためですよね、医療費を。

それに対して中国の中から、昨年四月の『中国青年報』で、国務院発展研究センターの葛延風《かつえんふう》副部長が、「中国の医療改革は、基本的に失敗した」と言っておられる。

あるいは衛生省の劉新明《りゅうしんめい》・政策法規局局長は昨年暮れに「市場化は医療改革の重点にはならない」

と話している。

これは大変深刻な問題で、中国は九二年からずっと市場経済化を進めてきたわけですが、おそらく初めて、市場経済に伴う問題というのを正面から取り上げた。これは相当深刻なことが起きているのではないかと私は思うのです。

朱●中国の医療問題はたくさんありますが、今後の発展にとっての一番のネックは農村の医療システムの問題でしょう。なぜなら、今までほぼ完全に未整備のままだったわけですね。

これも胡錦濤さんが去年話したと聞いていますけれど、「中華人民共和国樹立以来の五十数年間、我々は実際は農村部を犠牲にして都市部を発展させてきた。これからは都市部がある程度の犠牲を覚悟して農村を支援する番だ」と話したそうです。

これまで中国の戸籍制度は、農村部住民が都市部に自由に移住することを制限するためのようなものでした。また都市部住民の基本的生活需要（食料の供給、教育など）を保障するのですが、農村についでは一切保障がない、それが本質でした。これからの近代化を考えると、農村部の教育、社会福祉も整備しないといけない。そのため、温家宝首相は今春、「社会主義の新農村を建設せよ」というスローガンを提起しました。

具体的には、去年から歴史上初めて、農業税をすべて廃止すると発表しました。農村の基礎教育についても雑費の免除などで支援するとの具体策が打ち出されました。

中国の中でも、おっしゃるように市場任せという対応は間違いである、という認識で最近、一致してきた。

先進国の例を見れば、競争やサービスの向上というところは市場原理を導入すればよいのですが、すべての国民が平等に教育、医療サービスを受けることについては、やはり政府が主導してこれを保障しないといけませんね。

もちろん、中国の中央政府には今でも、全国一律の医療システムを整備できるだけの財源はありません。最近の動向として、例えば経済先進地域で、現地政府にその整備を義務付ける政策が取られています。上海の隣の浙江省ですけれど、民営経済が発達しているので、税収が相当あるわけです。それで中央政府から省政府に宿題を与える形で、これから五年間、浙江省の農村の医療保険の問題を、省政府の責任で解決するということが発表されています。

しかし多くの地方は今でもそのような財源を確保できていません。したがって全国的な問題解決には、まだ時間がかかるでしょう。

上村●今お話した、市場経済のある部分を制限しなければいけないという話ですが。中国では八〇年代の改革開放政策の時代に、どういう改革を進めていくのかをめぐって対立が起きました。当時の改革というのは、資本主義的な手法を認めるという程度の改革だったのですけれど、それでも「いまやっていることは資本主義か社会主義か」という議論が起きて、保守派と改革派の激しい議論が起きて、天安門事件にまでつながっていきましたね。

九〇年代に市場経済化に入った後も、やはり市場経済化についての議論が、当時は自由派、新左派といいましたけれど、そうした人たちの間でありました。昨年あたりから起きた市場経済制限論が、昔のような国内を二分する議論になっていく可能性はあるのでしょうか。

朱◉それは、基本的にはないと思います。中国の経済改革がここまで進んでいて、また国際経済に完全に組み込まれていますから、かつてのような計画経済の論理、鎖国の論理に引き戻すということはありえないと思う。ごく一部、旧式のイデオロギーをもって現在の改革を批判する動きはありますが、それは多元化する中国社会の中でやむをえないことで、基本的には少数の意見です。

もちろん、発展のある段階でどんな施策が最重要なのか、改革の取り組みの重点をどこにおくか、そのような論争は今後もあると思います。その中の一部は中国の発展方向にも関連するので一時的に相当激しい論争が交わされることも予想されます。

これからを予想すれば、一つは効率と公平、どっちを優先するかの論争です。もっとも最近は公平・平等を最優先にすべきだとの意見が主流を占めるようになっています。もう一つは所有権の問題。これまで、農村では請負制度を導入しましたが、農地は基本的に国所有という原則は変わらなかった。都市部でも、外国資本が買えるのは五十年または七十年間の商業用地、住宅用地の「使用権」であって、所有権ではないのですね。しかし今後、中国の更なる市場化が進展するにつれて、所有権を国がすべて持ったままでよいのかどうかについても、議論の的になっていく可能性はあると思います。

また今後は、経済分野の論争より、社会分野ないし政治分野に議論、論争が広まる可能性はあります。弱者の利益を守るための労働組合の活動をどこまで容認するか、新興宗教への規制を緩めるか、マスコミ、言論の自由をどこまで容認するか、などなど。

中国の改革そのものは前人未到のものであり、そのスケールの大きさから言えば、すべての問題が世界最大の問題であり、もっと論争があってよいと思います。それに関する中国側の問題は、一つは、実情や実際のデータなどをもっと公表し、論争や異なる意見にもっと寛容な環境を提供すること、諸外国の学者、研究者にもそのような論争に加わるよう門戸開放すべきではないかと思います。大半の外部の学者と記者は、中国の民主化、中国社会の健全化には協力的だと信じています。

農村の惨状

上村●文化大革命（一九六六年から七六年）の紅衛兵世代が、ちょうど四十代から五十代ですね。この世代の人たちは、政治運動ばかりしていて、あまり勉強しなかったのではないかという説があるのですけれど。一方で人民公社とかが機能していたので、義務教育をしっかり受けていたという人もいるのですが、一体このあたりの、世代による違いというのはあるのでしょうか。

朱●文化大革命の大混乱で、全国的に教育が十分されなかったのです。世代間の格差を含め、その後遺症はかなり大きかったのです。ただ、二十一世紀初頭というところに立ってみると、文革の影響に限定して言えば、大体は乗り越えられたのではないかと思います。

公平に見れば、文化大革命が終わってからのこの三十年の間、中国の教育はかなり変貌したと言えます。大学生の数は四、五倍ぐらいに増えているのですね。大学の理工系の学生は日本の五倍以上もいるとの数字があって、日本の中でも「脅威」として取り上げられています。また小学校、中学校の義務教育においても、進学率が相当上がっています。その意味で、中国の教育全般に関しては、高い評価を与えてもいいのではないかと思います。しかし具体的に見るとまだまだ多くの問題が残っていますね。

最大の問題の一つはやはり農村と都市部の教育の不平等です。都市部の教育はかなり整備され、競争も激しく、レベルも急伸しています。世界の数学オリンピックのコンテストとかの競争でも、中国の優秀な学生は常に金メダルを取って帰っています。しかし一方農村では、小学校の校舎すらよれよれで倒壊寸前のところがあり、教師の質も高いとはいえません。もう一つ、せっかく農村出身者が大学に進学しても、卒業後、自分のふるさと、農村に戻って農村の発展に貢献しようと志望する人はほとんどいません。都市部に人材がますます集中し、農村部では人材がますます欠乏する、という人材の格差も広がる一方です。

ですからそれは長期的に見れば、ただの農村の遅れではなくて、中国国内の分裂をもたらしかねないという危機意識が必要です。ＩＴ時代に突入した都市部と、伝統的農業社会の農村の間ではこのままでいくと、断絶が固定化し、コミュニケーションが不可能になることもありうるのです。温家宝首相が「社会主義新農村」の建設を打ち出している以上、農村の教育強化を最重点におくべきではないかと思いますね。

上村◉昔は大学生というのは、同じ学年の一％ぐらいで、超エリートだったわけですよね、中国では。今はもう三〇％ぐらいまでいっているのですか。そこまではいっていないのですか。

朱　◉まあ、北京、上海などの都市部は、いってますね。ただ全国平均ではまだまだです。内陸部、農村部の出身者はいまだに、大学進学を都市部への就職のジャンプ台とみなし、これにすべてを賭けていますし、大学の中の競争は依然として厳しいと聞いています。

中国の今の教育が直面するもう一つの問題は、一人っ子世代にどう対処するか、ですね。私の世代は大体二人、三人の兄弟がいるのですけれど、今の子供は都市部では一人っ子。農村部では制限があるとはいえ、二人、三人兄弟が少なくないのですが、全般的に少子化の時代に突入したとみていいでしょう。

一人っ子政策は、とにかく強制的なイメージが強く、日本では批判も多いのですが、それ自体はやむをえない事情の産物だったことを知る必要があるでしょう。

一九七八年ごろ、中国科学院の科学者は、中国の人口問題について厳重な警告を出したのです。中国の国土でゆったりと生活できる適正人口は、六億から七億人と試算されています。でもその時点ですでに十億人を超えていたわけですね。一方、中国の大地のすべての資源が支えられる最大人口は、十五億から十六億人という限界も分かりました。この限界を超えると、どんなに努力したところで崩壊してしまう、世界のお荷物になるのです。

しかしその時点で中国の人口伸び率は死亡率を差し引いて毎年一千五百万人の増加となっていました。単純に計算しても、十年で二億五千万人、二十年で五億人増加することになる、そのままでいくと二〇〇〇年を過ぎた時点で中国はパンクしてしまうと、科学者たちは警告したのです。そこで「一人っ子」政策は、中国の崩壊を回避するための緊急避難策として始まったわけです。

現時点の中国の人口は十三億人をちょっと超えたところです。「一人っ子」政策によって中国は三億人が生まれずに済んだのです。また人口の伸び率を抑えたことで一人ひとりの生活水準が向上し、中国人の平均寿命は急速に伸び、先進国のレベルに近づいています。

そこでこの一、二年、「一人っ子」政策に対する見直しはすでに始まり、都市部ではかなり緩和されたと聞いています。ただ、農村では依然、男の子が欲しいという考え方が残っているので、制限がないと収拾がつかないとの考えで、今後も「一人っ子」政策は修正するが、「計画出産」政策は持続するという方向になると思います。

全般的に人口の抑制に成功したと評価しても、一人っ子の世代は甘やかされて育っており、協調性がない、自己中心的になっている、といった特徴がよく指摘されています。したがって、今後の中国の教育は一人っ子の世代に対して、競争を教えるのではなくて、いかにモラルを高め、他人との協調、社会との調和をしていくか、これに重点を置くべきですね。しかし中国の大半の大学生は依然、大学進学を出世の唯一の機会と考える人が多いので、過当競争の風習が変わっていないとも聞いています。

一方、高齢化が中国で急速に進んでいます。世界の先進国はいずれも百年以上かけて緩やかにその時代を迎え、そしてそのための老年福祉の保障制度を整備してきました。それでも日本は高齢化対策が不十分との批判があります。ですけれども、中国は若手人口の抑制で人為的に高齢化社会を迎えたので、社会福祉、年金、医療の問題もあれば、日本と同じように、社会人教育、高齢化人口の教育という問題ももっと真剣に考えないといけないですね。

暴動が頻発する背景

上村◉今、農村の広汎な問題について議論したのですけど、農村の中で先ほども言いましたように、暴動が起きているわけですね。

それで先ほど、地域格差、貧富の格差、腐敗が背景にあって、暴動、衝突が起きると、問題が起きて暴動に発展しているという話をしました。これについてもう少し深く話してみたいのです。

別にそれは中国だけの現象ではないのです。中国は今、一人当たりのＧＤＰが千ドルを超えたところですね。千四百ドルぐらいまでいっていますね。

社会学の理論では、一人当たりＧＤＰが千ドルから三千ドルに達するまでの間が最も難しい時期である、という指摘があるわけですね。つまりこの時期に経済成長に伴う格差問題などが表面化する。あるいは住民の政治に対する意識が強くなってきて、デモとか集団的な犯罪、暴動が頻発する傾向があると。それが千ドルから三千ドルの間、ということですね。

中国の場合、二〇〇〇年のＧＤＰを二〇二〇年に四倍増すると言ってまして、そうなるとその二〇二〇年にちょうど一人当たりＧＤＰが三千ドルになるわけです。今からだと十四年後ということになる。ただし先ほどもいいましたけれど、中国の経済は予想を上回ってハイペースで成長していますから、私はもっと早く、一〇年代の始めぐらいには三千ドルになると思いますけれど。

これからの七、八年、十年ぐらい、中国は一番社会を管理するのが難しい時期に入るわけですね。それは韓国や台湾も経験したことだし、他のヨーロッパ、東ヨーロッパの国も経験してきたことですけれど、それと同じことが、これから起きるわけですね。ですから中国で、そういった暴動が増えていっても不思議ではないと思うわけです。

ただ同時に、こういうこともあります。つまり、一人当たりＧＤＰが二千ドルを超えるころから民主化が始まると。そして三千ドルを超えたあたりで、その民主化が定着し始めると。どうしてそういうことが起きるかというと、中産階級というのが育ってくるわけですね。中産階級が育ってきて、それなりの知識を持ち、政治的な発言を求めるようになる。そういった人たちが中心となって、民主化が進んでいくということですね。

ですから二千ドルを超える時期、あともう数年、つまり北京五輪が〇八年ですけれど、おそらく北京五輪、それから一〇年の上海万博の頃から、私は民主化が始まるのではないかと思います。そうすると、それからの何年かに民主化が進んで、その後に社会が安定化していき、暴動もかなり減っていくのではないかと私は見ているのです。

ただ、この二千ドルを超えた段階で中産階級がどれだけ育つのか。つまり中国の場合はスケールが大きいですから、日本や台湾や韓国とは少し事情が違うと思うのです。そのあたりは非常に不透明なのですけれど、朱建栄さんは中国のこの部分の社会構造について、どういうふうに考えていらっしゃるのですか。

朱　●中国政府が公表した数字で、一昨年の〇四年は七万四千件の事件、去年は八万七千件の抗議行動が起きています。言葉の定義ですけれど、私はそれを暴動とは呼びません。暴動というのは、現実のすべてに失望し、何もかも壊してしまう、かつての農民一揆のようなものですが、中国で起きているのは、大半は抗議行動ですね。

それをもたらした原因は、三つに分けて考えられると思います。

一つは、本当に貧困、地域発展の立ち遅れに由来する問題です。今の中国ではまだ、二千五百万人の貧困人口がいます。彼らは食事を含めた生活の基本的保障すら確保していないのです。ただ、温家宝首相は数年以内にこの層をなくす行動計画を制定しており、絶望的な生活環境にいる人はますますゼロに近づいていきます。この貧困層が立ち上がって市役所を壊したりする行動に出れば、それは暴動といえるのかもしれません。ただし、現実にはこの種類に属する抗議行動は全体数のうち、一%もないのじゃないかと思います。

二番目は政策対応上の失敗です。ここ十年余り、各地で、先ほども触れられました開発区をたくさん作っていますね。それは役人が自分のポケットにお金を入れるために作ったとは思いませんが、結果的に農家から土地を半ば強制的に収用した。そして一応、外資を誘致するためだと説明しました。ところが、計画も見通しもないままで誘致しようとしたから、開発区の構想は実現せず、外資は来ない、草ぼうぼうで名ばかりの開発区が残り、その一部は個人に転売されています。新規雇用を一向に提供できず、しかも農家は土地を失っている。このような乱開発で土地を失った人は四千万人に達しているとも言われています。

今の中国の農村では土地を取り返そう、転売に反対せよ、との抗議行動は相当起きているようです。最近になって、北京指導部はこのような開発区をストップさせ、土地を農民に返せというような指示を出している模様です。

他には地方役人の汚職腐敗への不満もかなり表面化しています。去年夏、西安では一人のチンピラが街角で悪いことをしていて、群集に責められると「俺は市政府の人間だ」と威張ったのです。それを聞いて、数千人の群集が集まり、あの市政府の人間を懲罰せよと抗議行動を展開したわけですが、その時点で調査してみたら、実はその人は本当は市役所と関係のない人でした。そのような些細なことだけで市政府への大規模な抗議行動が発生した背景には、地方政府への不信、政治への不信と不満が根底にあると言えますね。

三番目の背景的要因は、中国人の権利意識の向上だと思います。十数年前まで大半の中国人はもっとひどい問題に出会っても泣き寝入りをしていました。抗議しても聞き入れてくれないし、個人で抗議をしても効き目がない、との無力感、諦めが一般的にありました。しかし今は違います。現実的に多くの問題があってそれへの怒りが爆発する一面は確かにありますが、同じ問題でも十年前に抗議しなかったのが今、声を出して物言いをするようになった、この変化に注意すべきです。

都市部ではかつて、道路建設などで家の立ち退きを命じられたら、運が悪いといって、少い安置費［立ち退き料］をもらって引越しに応じるよりほかなかったのですが、今はまず拒否するようになったのです。「なぜ立ち退きをしなければならないのか」「立ち退きするのに相応の代価を払え」と要求するようになったのですね。北京の一大景観だった秀水街、偽ブランドを含め、服装を売る市場でロシア人が大量にやってきて仕入れるところですが、市政府は別の施設を作って、店の所有者たちに引越しを命じたのですが、所有者たちは徹底して抵抗し、屋根の上に上って抗議のスローガンを掲げました。その抗議行動は日本のテレビにも報道されたと思います。中国の都市部では自分の権利を主張するデモは無許可であっても多数発生しています。

抗議行動のうち、実は三割以上を占めるのは農村での汚水、排気ガスを出す企業に対する抗議行動です。何万件も起きています。

桃山学院大学の厳善平教授が中国農村の公害、開発区をめぐる大規模な抗議行動を調べました。その調査によると、抗議行動の主体、大半の参加者は農家ですが、リーダーは大体、農村から都市部に出稼ぎに行って帰ってきた人たちです。都市部で法律を掲げて自分の権利を主張する意識を持ち、自分の故里に帰って行動に移したわけです。「俺が先頭に立つからみんなついてこい」と呼びかけたら多数の農家が集まってきたわけです。

このような権利意識の急速な台頭の背景にはまさに社会構造の変化があると思います。中間層の拡大がそれに相当します。中間層の中には、私は二つの部分が含まれていると思います。

一つは生活水準が一定のレベルに達した、いわゆる中産階級です。家族の年収が六万元以上（物価水準を考慮すると日本円の三百万円以上に相当）、不動産と一定の金融資産などを有するといったことがその判断基準ですが、その総数は中国全人口の約二〇％に達し、およそ二億五千万人います。ほかに、生活水準がそこまで達していないのですが、意識構造、感覚として自分は社会の中クラスに属すると答える、いわゆる「中流意識の持ち主」ですね。この両者を合わせて、私は中間層と呼んでいるのですが、今の北京、上海などの大都市では、中流意識をもつ人はアンケート調査ですでに全人口の八割以上に達しています。内陸部は、まだまだですけれども。

そういう意味で、中国での抗議行動の大量出現は経済発展、社会構造の変化、権利意識の向上をベースにしたもので、簡単に暴動と呼んでもその性格は理解できないと思います。

私自身はそうした抗議行動の多発を、社会の進歩の現われだと位置づけています。東京オリンピック前の六〇年代前半の日本、ソウルオリンピック前の八〇年代の韓国、その状況が今の中国に非常に似ていると見ていいのではないでしょうか。六〇年代の日本も経済の高度成長に入った段階で、かえって消費者運動、公害訴訟、労使紛争、学園紛争などが大量に発生したのですね。それは当時の日本が混乱、不安定に逆戻りしたのではなく、社会構造の変化、権利意識の高揚が最大の背景だったと思います。日本はまさにその段階を乗り越えて、社会が安定し、真の先進国社会に邁進したわけですが、中国もその段階に突入したと思うのですね。もちろん中国の問題は、他にもいっぱいあるのですが。

これからの中国にとって重要なのは、こうした社会構造の変動に当局がどう対応するかです。これまでと同じ古い手法で、とにかく押さえ込めばいい、という思考様式で弾圧、鎮圧すれば、中国は本当に暴動の国になってしまうと思います。

胡錦濤指導部は一定の柔軟性を見せてはいますが、その対策の最大の問題は、抗議行動をすべて経済問題の延長と捉え、お金を渡せば解決すると思っていることです。権利意識の台頭に代表される社会構造の変化に対して、やはり、言論の自由、情報公開、選挙権の拡大などに着手しなければいけないと思います。

今の中国では、このような改革を政治民主化の問題と呼ぶことに、抵抗があるのです。保守派は、複数政党制の即時導入などを連想し、拒否反応を示す可能性が大きいのです。それに対し私は最近、論文を書いているところですが、経済改革の次の段階は政治改革ではなくて、社会改革であると主張しています。

社会改革とはすなわち社会の民主主義の導入です。国民の基本的権利の確保、公権への制限とチェック、法治の徹底などが主要内容になると思います。

その対策を早急にしなければならないと思います。対応を誤ると、それこそ中国国内で一番懸念する「拉美化（ラーメイホア）」の方向にいってしまうことです。ラテンアメリカ化というのは、中国では「拉美化」と言います。つまり経済が発展したが社会的対策が失敗して、その結果、複数政党制などの民主化は一応あるけれど、社会は汚職腐敗、二極分化などの問題を解決できず、慢性的な停滞に陥ること。これが「拉美化」ということですね。

民主化のための条件

上村●まず社会改革をやるというのは、理論として非常に分かりやすいと思うのです。しかし、私は違う考え方をしています。私は大都市で民主化を先行させるべきではないかと思っています。少し長くなりますが、順をおって説明します。

例えば台湾で言いますと、台湾と中国は文化が非常に似ていると思うのですが、民主化に踏み切りました。歴史的なこともふまえて考えるとですね、やはり非常に、サンプルとしてわかりやすいと思うのです。

一九七九年に美麗島事件という民主化運動がおきて、住民が警察と衝突したわけですね。そしてたくさんの方が警察に逮捕された。その時に弁護士をしていた人たちが指導者になって、民主化運動を続けていくのです。これは一つの出発点なのですが、それが一九七九年で、ちょうどその時の台湾のGDPが、一人当たり二千ドルだったんですね。

それで私は八七年に台湾に初めて行ったのです。ちょうど戒厳令解除ということで取材に行ったのです。その時はもう五千ドルになっていましたね、一人当たりのGDPが。ですから戒厳令はほとんど意味をなさなくなっていて、解除しても市民は「今ごろ解除したの」という反応だった。基本的に何を言っても自由だった。そしてその後も、民主化はさらに加速していくわけです。ある意味では、理論通りに進んで行ったわけです。

ここで大事なポイントは、七九年の頃に台湾には中産階級が相当育っていたということと、台湾の場合はアメリカなどの影響を受けて、民主化をすべきだという議論がずっと受け入れられていくようになったわけですね。台湾の場合は西側の一員でしたから、今もそうですけれど。

そういった事情があって、台湾の場合、非常にうまく民主化をすることができた。大きな流血もなしに、民主化できたわけです。まあそもそも、台湾は教育水準が非常に高いという事情もありますけど。

ところで中国を見てみますとね、中国の場合は先ほど中間層とおっしゃいまして、中産階級とは言わないのですね。

社会科学院などの資料を読むと、中間層というのは、「大卒以上の学歴で月収が五千元以上、企業の管理層、技術者、国家公務員および私営企業の所有者」ということですから、若干幅が狭いわけですね。それでも総就業人口の一三％から一五％ぐらいを占めているということですから、人口にすればもう一億を超えているわけですね。

こういった人たちがおそらく中間層といわれていますから、民主化の主体になっていく可能性があると思うのです。

一方で富裕層の上位一〇％の人たちが、都市部住民の世帯収入の五〇％を占有している。それから百万ドル以上の資産をもっている人が、三十万人いる。百万ドルというのは、一億円と少しですね。資産総額が一千万ドル、つまり十億円を超している人も一万人いるという。

相当な資産家が出ているのだけれど、非常に数が少ない。我々から見るとすごく大きい数だけれど、中国の中ではパーセンテージは非常に小さいわけです。

ごく一部の人たちに富が集中していて、中間層が必ずしも厚くない。農村も含めていうと、七〇％の人が農村で下層と呼ばれ、最下層の人が一四％、あわせると八〇％以上になる。人口にすると、就業人口でみると五億八千万人が、下層、最下層を形成しているわけです。

ですから、私はいくら中国の一人当たりのGDPが二千ドルになっても、中国全体が民主化するのは無理なのではないかと。それだけ都市部と農村、それから中間層と貧しい人たちの間の格差が広がって、これだけ隔絶していると、台湾や韓国や日本のようなパターンは取れないのではないかな、という感じがするわけですね。

そうするとそこで一つ考えられる方法としては、北京、上海、広東はもう一人当たりのGDPが五千ドルですから、これは台湾が戒厳令を解除した時と同じですし、都市部は教育が普及しているし、さっきもおっしゃったように八〇％が中間層ですから、北京、上海、広東で実験的に民主化を始めてはどうかと。この地域の人民代表大会の代表とか市長さんを選挙で選ぶようなシステムを、実験的に導入したらどうかと思うのです。

朱 ●一部の経済先進地域で民主化を先に進めることに賛成です。中国内部でもそのような発想があり、一部の実験が行われているようです。ただし、国政レベルまで持っていくにはやはり経済・社会の構造から改革していく、という考えです。

基礎作業の一つは一千万人ぐらいの金持ち、富裕層の富を再調整することですね。格差の問題で国民が一番不満に思っているのは、まさにこの一千万人の富裕層の存在です。八億以上の低所得層と比べて、全然雲泥の差のような生活をしている、社会主義と称する国である以上、その存在はなおさらおかしい、そういう不満が出ているわけです。

当局もようやくこの点に気づき始めたので、最近、かつての「先富論（先に一部が豊かになる）」から「共同富裕論（ともに豊かになる）」へ転換したわけですね。

わずか五、六年前に、アメリカの『フォーブス』誌にランキングされた中国の金持ちはみなその雑誌を人に配って自慢していたのです。ところがここ数年、中国ではもっぱらこの大金持ちに対して課税、違法調査を重点的にやっているわけですね。そういう金持ちが次々と摘発されています。今後、私有財産の保障は新しい憲法に明記されているので、富裕層の財産を無理に剥奪するような可能性は極めて低いと思います。ただ、累進税制はすでに導入され、数年以内に、遺産相続税の導入も必至と見られています。比較的平等な社会の実現が今後の中国の安定を考える上で、必須条件の一つでしょう。

今後のもう一つの課題は低所得層を減らし、中間層を拡大していくことです。今でも中流意識の持ち主を含めた中間層はすでに五億人に達していると先ほど述べました。その数字がさらに伸び、おそらく二〇一五年から二〇年の間に、人口の過半数を占めると予測されます。その段階で、国政レベルでの民主化は避けられないのではないかと思いますね。

台湾と韓国の民主化過程の前例を見ても、まず経済の自由化、次に社会の民主化、中間層の拡大、その上で初めて国政レベルの民主化が実現するのです。もちろん、このプロセスをたどらずに一応政治の民主化を先にやってしまう国もあります。ロシア、東欧の多くの国はそうです。しかしそれらの国はすべての国民に幸せを感じさせるような民主主義体制になっているか、これはまた別問題です。市場経済化、平等に分配するシステム、法治の実現がないまま、一応複数政党制を導入したロシアは今、西側諸国から、民主主義の後退と批判されています。

中国の中では経済・社会の変化、国民意識の変化を踏まえて、現時点でも一党支配に対する見方が大幅に変わっています。私が入手した上海での非公開アンケート資料によれば、大半の共産党員は現実的に今の体制が安定と発展を維持する上で必要だと認める一方、

「もう一回あなたが共産党に入るということであれば、入りますか」との質問に対して、

六割以上は、「入らない」と答えている。

また党幹部に対して行ったアンケートで、

「あなたは共産主義を信じますか」との質問に対して

五割以上は無記名回答で、「実は信じていない」と答えています。

中国人はある意味で現実重視なので、経済が発展し社会が発展すれば、イデオロギーにはこだわらないわけです。ただ一気に変動することによって社会が混乱に陥ることも恐れています。したがって、政治の民主化はやはり漸進主義のほうが現実的だと思います。

中国ではすでに十数年前から、村レベルでは村長の直接選挙が導入されているんですね。

また日本の市町村に相当する県の議員、郷鎮《ごうちん》の議員というのも直接選挙で選ばれています。そして郷鎮レベルでの行政首長の直接選挙は主に、四川省と深圳市で実験が行われています。四川省は農村地域の実験対象地で、深圳は都市部の実験地域となっています。

そして県のレベルの行政首長に関する直接選挙ですが、それも少なくとも十個の県でいろんな方法による実験が行われています。

温家宝首相は去年十月、ヨーロッパの記者団に対して、数年以内に郷鎮レベルで行政首長の直接選挙を行うことはありうると発言しました。二〇〇七年秋は第十七回共産党大会ですが、そこで胡錦濤、温家宝などの現行指導者は再選される見込みで、その後、地方の直接選挙の拡大、また「党内民主化」の実験が一つの活発期を迎えるのではないかと予想されます。

China Syndrome

第5章

中国脅威論は
なぜ
出てくるのか?

中国エリートの特徴

上村●中国共産党の最高指導部というのは、党中央政治局常務委員会で、胡錦濤さんたち九人の常務委員で構成されているわけですね。トップナインと呼ばれる九人の最高権力者が、中国を集団指導で率いているわけです。彼らは全員理科系出身です、大学のね。

その次の世代というのは、地方の各省の党書記、あるいは省長、つまり知事さんたちですね、日本でいうと。各地の知事さんたちが、次の世代の指導者になるわけです。いま四十代、五十代の人たちが、地方の都市で行政経験をつんでいて、将来の指導者を目指している。

この人たちはかなりの部分が、経済学部とかあるいは法学部出身ですね。つまり中国の今の六十代の人たちは、国家建設に燃える時期に育った、そうした理想に燃えて育った人たちだったのです。その年代の人たちは、国家建設のために土木や電力や工業を学んできた。しかし、これからは経済政策の立案、運営、法律によって国家を統治しようと考える人たちが、多分出てくると思うのですね。

その人たちが出てくるということは、ちょうど台湾でも弁護士さんとかが民主化運動をやって、その中から陳水扁さんのような政治指導者が出てきた。あるいは韓国でも、盧武鉉さんもそうですけれど、弁護士出身の人たちが指導者になった。中国でも今、弁護士さんや学校の先生たちが政治の草の根運動をやっているわけですね。

おそらくそういった人たちが、十年もしたらもっと上の方に上がってきて、民主化運動を行ったり、あるいは政治指導者のアドバイザーのような役割を始めていくのではないかと思います。

過去に民主化運動をしたのは、学生や知識人、文化人とでも呼ぶべき人たちだったわけですけれど、これからは行政や法律の分野で実務を積んだ人たちが、民主化に参加し、リーダーシップを発揮するかもしれない。

朱　●来年の党大会、第十七回党大会では、今のトップナインといわれる政治局常務委員の九人体制が、トップセブン、七人体制に変わる可能性があります。ただそのうち、胡錦濤国家主席（総書記）、温家宝首相、曾慶紅《そけいこう》国家副主席のトロイカ体制で政治を引っ張っていくという構図は、おそらく一二年まで、次の十八回党大会までは続くのだろうと思われます。

その間は依然として理工系出身の指導者がリーダーシップを務め、経済重視、格差是正の重視が最重点となっていくのでしょう。社会改革、特に政治改革は、経済改革の必要性に迫られる分については着手するが、積極的にはやらない、そういう状況が続くのではないかと思います。

ただ地方レベルでは変化が始まっていることも、見る必要があります。二、三年前、中国の各地方のトップには文科系出身者はわずか一人だけだったのですが、最近、文科系出身の人が、相当抜擢され始めたのです。そこも一つの転換期に入ったと言えます。

いまだに「大清帝国・北大荒」という言い回しがあります。どういう事かといいますと、理工系の名門は、清華大学ですね。今は清華大学出身者が一番幅を利かせて活躍しているので、「大清帝国」と言ってるのです。

北京大学は文科系が中心ですね。それはすごく凋落してるので「北大荒」と呼んでいるわけ。もともと「北大荒」という表現は中国の東北部、旧満州の荒涼たる大地をさす言葉だったのですが、北大＝北京大学をもじってそう言っているのです。ただし、この状況はすでに変わりつつあると思います。現指導部は社会問題への対応を重視しているので、最近、テレビや言論界で積極的に発言し、世論を形成し、引っ張っているのはほとんど北京大学出身者となっています。

日本はすでに先進国の段階ですが、中国はまだ途上国の段階です。その発展段階の差も念頭において、見守っていく必要があると思います。途上国のある段階では政治は一党支配を維持しながら経済発展に没頭して打開策を考える時期がありますね。台湾の蔣経国、韓国の朴正熙時代ですね。その後、台湾と韓国は試行錯誤をしながら八〇年代後半、初めて政治の民主体制を導入したのです。中国は今、その前段階まで来ていると思います。ただ、大きい中国ですから、全土の社会的変化、政治的変化は緩やかに進まざるを得ません。

もう一つの視点は個々の、一時的な現象で判断するのではなく、十年、二十年のスパンで中国の流れを把握することです。私自身が日本に来たのがちょうど二十年前、一九八六年です。当時の中国と今の中国は、同じ国かと自分でも疑うぐらい違っています。その時の中国の政治体制は、極端に言えば今の北朝鮮と同じだったんですよ。社会的な統制を徹底するという面においては。

上村●もうちょっと、よくなっていたんじゃないですか。

朱●いやいや、八〇年代前半でも、中国人は外国の情報を摂取するルートをほとんど持っていなかったし、外国人から手紙をもらって返事を書くにしても、上級部門に報告し、手紙の検閲もあったのです。

あの時代、外国人が中国を自由に旅行することもできなかったのですね。観光団は観光地にしかいけなかったし、政府が受け入れた訪中団が案内されたのも、現地政府が事前に用意した「モデルケース」であって、ありのままの、一般庶民の生活を見られなかったのです。僕は八六年に来日し、その前に上海に留学した今の妻と八七年に結婚したのですが、その年の年末に帰国し、上海で一緒に半年間住んでいましたが、妻が一番苦労したのは、家にお風呂がなく、みんな会社にあるお風呂を利用していたので、三十分自転車に乗って僕の会社に行って、共同風呂に入っていたことです。当時、九九％の市民の家にお風呂がなかったのです。

しかし二十年後の今、このようなことは完全に考えられない。生活条件が大幅に改善されたのはもちろん、かなりの自由を享受できるようになったのですね。外国人と自由に交流し、海外旅行が流行となっている今、若者たちは、「え、うそ、そんな時代があったのか」という話をするわけですね。

エピソードでこのような心理的変化を紹介します。近年、中国から北朝鮮への観光客が、どんどん増えているんですね。北朝鮮の何に見る価値があるか、北朝鮮のどこを見にいっているかといったら、多くの中国人は「我々の過去を見に行くんだ」と言うんですね。つまり、中年以上の中国人はほとんど、今の北朝鮮のような生活を経験していたし、観光団に必ず付く監視員というか、政治宣伝員というか、そのような人も昔の中国にいました。

しかしいつの間にか、中国はその段階を通り過ぎた。中国の中でその面影を見つけるのも難しいぐらいになっているので、今の北朝鮮で自分の青春時代に体験した政治と社会の雰囲気をもう一度味わってみたいわけです。だから、観光団のバスで北朝鮮の監視員が懸命に政治の宣伝をしているのを見て、みんな横で見てげらげら笑っているんですね。「そう、そう。こんなのが昔、中国でもあった」と。そして今のうちに北朝鮮の現状を見ておこうとみんなが思うのは、中国の経験からして、北朝鮮のような政治鎖国の時代も長くは続かないことを知っているからです。

中国の現状は、先進国の軌道に乗った日本から見れば問題だらけですが、この二十年間、革命的な変化が起きている、という時間軸も踏まえて、現状を判断し、またその行方を把握していくべきだと思うのですね。

土地を農民に返せないのか

上村●そうですね。私も最初に中国に行ったのは八〇年代の半ばですから、確かに中国の変化はとても激しいですね。特に都市部はもう、大きなビルが建って、全く違う景色になっています。

ただ農村はまだ、田舎の方に入っていくと、昔と同じような景色を見ることができます。そのあたりのアンバランスというのはやはり、大きくなっていると思います。

おっしゃったように、縦軸でものを見る必要はありますね。ちょっと今の日本と比較をするだけでよいのかという問題はあります。中国を、その国の中の縦軸での変化というのを、確かに見る必要はあると思います。

ちょっと話しがさっきの方に戻りますけれど、先ほど都市部の民主化の話をしましたね、私が。都市部から民主化すべきじゃないかと。それで朱先生も、やはり同じような趣旨のことをおっしゃいました。それで私は次は、今言った立ち遅れた、まだ八〇年代とあまり変わらない部分のある農村を、どうやって民主化の方にもって行くのかという議論を、いずれしないといけない時が来ると思うのですね。それはもう、両方やらないといけないと思うのです。

その場合やはり、農村の最大の問題は教育だと思っているのです。やはり教育を普及させないと、教育を受けた人たちがいないと、選挙とかはなかなかうまくいかないと思うのですね。

そこで一つ感じたのは、私が中国に行った体験で言いますと、鄧小平さんの家に行ったことがあるのです。鄧小平さんは、四川省重慶のそばの農家ですね。びっくりしたのは、そこの農村に鄧小平さんが通った学校が残っているのですが、とてもきれいなのですね。別にそんな、新しい建物でもなんでもないのですが、非常に清潔で静かなところで、いまも残っているわけです。まあ、きれいに保存したのかもしれないけど。

どうしてそういう学校があるかというと、鄧小平さんは革命前の世代の人ですけれど、当時中国の地方の農村では、郷紳《きょうしん》という、つまり科挙の試験を受けて何らかの仕事をした後、引退して農村に帰ってきた人たちがいっぱいいて、そういった人たちが私立の学校を作って、私塾というのを作って、地元の子供たちを教育していた。そういった人たちが、農民の利害調整、役人との交渉をし、農村の秩序・

安定を保つような役割も果していた。

そういった人たちと行政の人たちがいて、その地域の安定というものがあり、貧しい人を助けるというのがあり、あるいは学校を作って子供たちを教育しようというような社会ができていたわけです、清朝の時代にね。

そういったところで育って、鄧小平さんとか毛沢東さんのような人が出てきたわけです。都市部じゃないわけです、彼らの出身地は。農村の人たちだったのですね。

最近よく聞くのが、農村を「黒社会（暴力団・暴力集団）」、つまり暴力団の人たちが乗っ取っているという話ですね。あるいは、村長さん自身が非常に暴力団的なことをする。つまり農民をいじめる、棒で殴ったり、みなで徒党を組んで農民からお金を取り立てたりする。そういった報告が、出ているわけです。それが全てだとは思いません。そういうことがある、ということだと思うのですが。

どうしてそういうひどいことが起きたのか、その研究が進んでいまして、論文なんかも出ているわけです。昔は地方の知識人がいて、農民を指導していた。もちろんひどい人もいたわけです。地主と組んで農民をいじめる人が、いっぱいいたわけです。それで革命の時に、「土豪劣紳《どごうれっしん》（役人と組んで農民を搾取した地主や資産家）」という言い方で、彼らを根こそぎ排除してしまったわけですね。いい人も悪い人も含めて。

そこで農村に、権力の真空状態ができた。そこに共産党が党幹部を就けたわけです。しかし当時の共産党は、革命によって政権を取ったばかりで人材が育成できてなかったわけです。それでとにかく、上の命令を聞く人を、どんどんそこに置いていった。

そうするとその人たちは、昔の郷紳の人たちに比べると知識もないし、行政経験もないわけですね。ただ上からの命令を下に押し付ける。

だけどやはり地域ごとに抱えている問題も違うし、やり方も違うわけです。それができなかったわけですね。それによって、非常に農村が荒廃してしまった。

さらに改革開放で拝金主義などが入ってきて、農村を支えてきたシステムが崩れてしまったのではないか。それをやはり立て直すところから始めないと、本当の意味での農村問題というのは、解決しないのではないかと思うのです。

社会が安定し、豊かになり、きちんとした教育が行われるような農村を復活させるためには、単に上からお金を送るだけでは、ダメなのではないかと思うのですね。

その中で一つ出ている議論は、中国は土地改革というのをやったのですね。土地改革というのは要するに、地主の土地を取り上げて、農民に一度渡したのですね。

ところがその後、それを取り上げて、集団所有という形にして、政府のものにしたのです。今、中国の農民はその土地を借りて、耕して、儲かった分は自分の取り分にする、というシステムになっているわけです。

ただですね、そうすると所有権というのはあくまでも政府にあるわけです。だから、たとえばここにダムを作りたい、急にここで開発したいと言い出す。

「この土地は元々政府のものだから、お前は政府の言うことを聞け」と言って、農村の人たちの事情を無視してですね。「ここはだめなんだ。ここは川が流れるところだから、ここを開発したら下に水が行かなくなりますよ」とか、いろんな事情があるのに、全然実情を理解しないままに、「いや、ここは政府の土地だから」という形で、政府が取ってしまうわけですね。

ですからこの所有権の問題をきちんとする。つまり農民に所有権を与える。極端なことを言うと、農地解放ですね。つまり、もう一回農民に土地を戻す。

でもそうしたら、地主が出るかもしれません。地主が出たら、またおかしなことになるかもしれませんけれど、でもそういった中から、また昔のような知識人が出てきて、村を立て直そうという動きが出た方が、私は長い目で見て中国の農村は安定するのではないかというふうに思っているわけですね。それについてはどうですか。

朱　●鄧小平は子供の時に、確かにいい教育を受けていました、中国の封建時代では中央政府による教育の普及ではなく、各地方の郷紳が現地の教育に務めていたのですね。そのような教育システムによって科挙試験に参加する若者を育て、また現地農村のモラル、安定を維持していく上でも重要な役割を果たしていたのです。

ただここで言いたいのは、一つは社会構造が完全に変わったので昔との比較や真似ができなくなったことと、もう一つは少年鄧小平の時代、大半の中国農村において教育を受けられたのは少数の裕福な家庭であって、一般農家の子供は入る余裕がなかったのです。当時の私塾のような教育施設は、規模が小さかったのです。

そこで面白い現象が起きたのですね。中国共産党の初期の指導者、毛沢東、周恩来、鄧小平などはみな中流クラス以上の家庭の出身で、いい教育を受けた人です。彼らは教育現場で視野を広げる過程で革命の原理を覚え、革命の理想を身に着けたのです。その後、非労農階級出身の彼らが労農階級を指導して労農革命を行ったのです。

もちろんおっしゃった意味は分かります。中国農村の本当の改善は教育から着手し、農民の素質を高め、その視野を広げることから着手しなければならないことです。日本の近代化のプロセスも農村での教育重視から始まったのですね。将来、中国が民主化していくためにも、ただ経済成長すれば、また国民生活がよくなればできるものではないと思いますね。

かといって、国政レベルで選挙制度を導入すれば、問題は全部解決するかというとそうでもないことは先ほども言いました。ソ連の共産党書記長だったゴルバチョフ氏も、近年になって「ペレストロイカ」から改革に着手したのは間違いで、中国と同じように、経済、国民生活そして国民意識の改良、そのような地味なところから一歩一歩やらないといけなかったと認めています。

その意味で、中国の民主化のプロセスと未来像は旧ソ連と比較しても意味がないので、日本や韓国、台湾など東アジアの経験はより参考になるのではないかと思います。

本当の民主化というのは、言ってみればすべての人間をカバーする、守ってくれる屋根のようなものですね。その屋根が有効に立てられるにはまず堅実な地面を打ち立てる必要があります。それは経済発展と生活水準の向上、中間層の拡大ですね。それがないと、でこぼこの地面ではいい家、すべての人が居心地がよいと感じる家は立てられません。次に屋根を支えるいくつかの柱が必要です。

一つは、市場原理の確立と市場メカニズムの正常な作動です。これは中国で一応、初歩的にできたと言えます。その努力と変化を認めて、中国が世界貿易機関（ＷＴＯ）に受け入れられたわけです。二番目の柱は法治体制の確立です。その中には土地の所有権をもう一度明確にすること、法律で明文化することも含まれます。

しかし今の中国の農村ではこの対策が中途半端であるため、役人が勝手な解釈で取り上げてしまうような、抜け道を作っているのですね。いかに農民に自分の土地に対して責任感、愛着を持たせていくか、これは土地の所有権をはっきりさせ、法律で明文化するところからやらないといけないと思います。

中国指導部は「二〇一〇年ごろに法治をほぼ確立する」との目標を立てているようですが、今後、その努力を期待したい気持ちも強いです。ただ、中国の法治化はそんなに簡単にできるものではないとも思いますね。

民主化の屋根を支えるもう一本の柱は、平等に分配するシステムと、平等に教育を受けるシステムですね。

そのような努力が重なって、中国が初めて後退しない真の民主主義を実現できると思うのですけれど、時間がかかりますね。早くても政治システムの初歩的な変化は二〇二〇年ごろまでにできればよいと思います。

話は戻りますけれど、そのプロセスにおいて今の中国はちょうど一つの曲がり角に来ていると思います。経済政策では、「先富論」がいよいよ「共同富裕論」に転換したのですね。

経済成長率だけの重視から、社会の安定、教育の重視、環境との両立、福祉の整備などが当面の政策目標として次々と打ち出されています。その全体的なスローガンはいわゆる「調和社会」の建設です。

国を治める方法でも、これまで共産党政権がイデオロギー的な手法を強調していました。しかしそれがますます効き目がないことも分かってきています。そこでイデオロギー優先なのか、人治国家のままなのか、それとも法治国家に完全に切り替えていくのか。この面においても中国は今転換期にさしかかっていると思います。

もう一つは中国の未来像の青写真をめぐる論争も起きています。鄧小平時代は左や右からのいずれもの批判を封じ込める形で、論争を行わせない形で経済改革を進めてきました。しかし今は鄧小平のようなカリスマがいなくなり、現実の政策に対する左と右両派からの批判が表面化しています。

毛沢東時代に戻るかどうかはもはや論争の話題に入らないので、その意味で、中国でいくら活発な論争があっても、計画経済時代に逆戻りする議論もないし、その可能性もゼロと考えてよいと思います。ただ、中国の進路については二つの基本的な見方に分かれています。一つは西側の制度を導入することを基本的な考えとするいわゆるリベラル派、自由派です。それに対して、もう一つは中国の実情にもっと配慮し、西側のあらゆる体制も参考の対象にはなるが、そのまま写してコピーする対象は一つもないし、重要な内部問題も多いので、発展途上の中国は基本的に社会主義の原理にもう一度戻って、平等の実現を優先に、また競争原理も残すという考えです。いわゆる新左派ですね。

そのような進路の論争は、去年、一つのピークを迎えました。日本のマスコミはもっぱら反日デモに気をとられ、またはどこかの新聞社でリベラル派の編集長が首を切られたことが主なニュースになっていましたが、中国の指導者層、学者層が一番関心を持っていたのはこの進路に関する論争だったのです。

胡錦濤政権の親民路線に対し、実は今、左右両面から批判が出ています。左派は「大衆重視という観点から見れば、今の政策はまだ不十分」と批判するのに対し、右派からは「中国は今後も効率優先でやって、それと同時に平等・公平にも配慮する両立路線でいくべきだ。今の親民路線は大衆迎合的になりかねず、そうすれば中国の改革の勢いがなくなってしまう」との批判が出ています。

結局、胡錦濤政権は再び、鄧小平の手法を踏襲し、論争を封じ込める形で現行の経済改革優先路線を堅持することを選択したのです。

右からの、いわゆる自由派からの大胆な政治改革論を封じ込めながら、去年の末以降、左派についても、旧保守派が主導する三つのウェブサイトを閉鎖して、彼らによる批判も封じ込めているのです。

改革の方向性をいまだに公開で論争できず、その方向についてコンセンサスを得られないのは今の中国がもっとも微妙な転換点に来ていることの現われですね。

報道界はなぜ造反したのか

上村●確かに左派が巻き返しをしたので、指導部がその部分も含めて抑えようとした、というのはわかるのです。ただし、別の側面もあるように私は思います。それについて、少し説明しようと思います。

最近の報道界が、大造反をやっていますね。つまり環境問題にからんで中国政府の情報隠しを批判したりしている。『氷点週刊』という新聞が、義和団事件についての教科書の記述がおかしいと批判した。要するに義和団事件は教科書に書かれているような立派なものではなくて、非常に排外的なものだった、暴力事件であったというふうなことを書いて停刊処分になった。

それを、停刊処分を受けた編集長が抗議の手紙を出して、インターネットで外に流した。そうすると、八〇年代に改革派と言われた人たち、今は長老になっていますけれど、そうした人たちがそれを支持して、もっと報道の自由を認めろと言い出した。

具体的に言うと、検閲小組というのがありますね。中国の新聞というのは、宣伝部の検閲を受けるわけです。昔は事前審査だったわけですね。つまり新聞を出す前に見せて許可をとってから出していたから、問題はなかったわけです。

ところがもう今、市場経済化になって、大変な膨大な量の情報が流れているし、いちいち事前検閲なんかできないわけです。

だから出た記事を後で、事後審査すると言う形になっているわけです。それをするのに検閲小組というのがあるわけですね。全国に散らばっているわけですけれど。

この人たちがかなり恣意的に検閲をするものですから、そこでまた腐敗も生じて、お金のやり取り、賄賂をとるといったような事態も出ているようです。

その検閲担当者がどういう基準で検閲をしているのかが、全然分からない。そのあたりを明確にして欲しいとか、そもそも検閲小組というものが存在すること自体がおかしいと指摘している。

あるいは宣伝部というものがあまりにも巨大化して、情報公開を妨げていると、そういった主張をしているわけです。

これは、とてもよく理解できますね。かりに左派と右派の間で、新自由派と新左派の論争が起こっているにしても、それとは関係なく、私は彼らの主張は非常に合理的なものであると思うのですね。

そこまで規制してしまうというのは、むしろ共産党の宣伝部の既得権益を守るためにやっているのではないかという風に、私なんかは思ってしまうわけです。

だからそれは、理論論争が起きているからそうせざるを得ないという指摘には、私は与しない、反対です。

朱◉あの、検閲小組が中国各地のあちこちにあるというのは、もし更なる細かい事実をご存知ならば、教えてほしいのですが。

上村◉失礼しました。全国に散らばっている、駐在している宣伝部の機関、担当者ですね。実際に検閲しているのは。全国に四百万人のそうしたスタッフがいると聞いていますが。

朱◉現在の中国では、マスコミの記事に関して国の決めた方針の枠内であれば事前に審査が必要ではないし、「事後審査」もないと思います。だって、事前に審査が不可能であれば、事後に審査したって、同じように意味がないじゃないですか。私の知っている限りでは、それは「事後審査」ではなく、事後に問題が発生すればその責任を取ってもらう、いわゆる「事後結果責任制度」です。

つい五年か十年前までは事前審査というやり方でした。その担当は全国紙については中央宣伝部、地方紙については地方政府の宣伝部だったと思います。しかし今は、宣伝部の人員が増えていないのに、中国の新聞と雑誌は何倍も増えています。事実上、審査は不可能になっています。また、かつて全ての新聞と雑誌は国営で当局の直接コントロール下に置かれていましたが、今は民間出資の新聞雑誌や、一応政府系であっても、収入は広告と販売に頼るものが大半を占めています。

全国の宣伝部関係者が四百万人いるとおっしゃいますが、その数字とチェック担当と何も内在的関連性がないと思います。宣伝部の主要な機能は対外広報であって、他人に対するチェックではないのです。現に、各地方の宣伝部のマスコミに対するチェック機能はほとんどなくなっています。話題になるマスコミをめぐるトラブルはいずれも中央宣伝部と関係しますが、地方宣伝部で起こされた事件をほとんど聞きません。

中国の実情、中国の変化を理解するためにはまた、審査の話とは別ですが、宣伝部がどれぐらい原則的な指示を出したかを見るだけでは意味がない点を知る必要があります。役人はどこでも仕事上、「これをしてはならない」とのお触れを時々出すでしょう。日本でも駅前の自転車駐車禁止のお触れをいつも出しています。しかし実体としてそれは効き目があるか、実効があるかを見る必要があります。中国では中央宣伝部による一部のお触れがありますが、実態としてそれを無視したマスコミの報道、記事が多く出ています。また、日本のマスコミでは「誰だれがつかまった、解任された」というような話がよく載りますね。それを中国のマスコミ規制の問題の一環だとして非難してよいでしょう。しかし、もっともっと多くの中国人記者が、宣伝部の決めたラインを越えて大胆な記事を書いていても咎められていない実情も紹介すべきです。中国の中では、ごく少数ですが、最終的に逮捕されたり、解任されたりする事例がありますが、少なくとも法律・ルール違反の証拠があって他のマスコミへの見せしめとして懲罰されるもので、大半のマスコミは十年前よりも、五年前よりも自由な報道をするようになったのです。そういう状況を見るべきだと思います。中国の中で、誰かが捕まったからほかの記者が怖くなって書かなくなった、との話をほとんど聞きませんね。逮捕された時点でその人は有名人になり、国内だけでなく、海外からも声援が来るから、当局側は簡単に逮捕できなくなっています。

一方、各マスコミはむしろ当局の批判を逆手にとってそのニュースを市民による同情を集める手法にしているとも、香港のジャーナリストから解説を受けました。『新京報』など、今は北京に進出している新聞の編集長が罷免されたニュースがあったのですね。これらの編集長解任の事件が起きたのはいずれも広東系のマスコミなのです。実はそれはかつての香港マスコミと同じ手法で、わざと当局の規制をやや超えた報道をし、編集長が解任されたらむしろ大体、注目度が一気に上がり、発行部数も増えるのですね。それが狙い目なんです。ではこれらの新聞はその後、編集方針を変えているかと言うと、全然変えていないのです。

ほかの大半のマスコミは、商業主義の時代に合わせて大衆迎合的になっていますね。民衆が読みたい記事を、たとえ大げさだと分かってもわざと大きく載せるのです。そのようなタブロイド新聞まがいの記事内容は一つは日本批判、もう一つは台湾海峡の緊張をあおるものです。国内の汚職腐敗や公害問題のスクープはまだ自由にできない中で、大衆の注目を集める記事は例えば、「台湾海峡で軍用機同士がニアミス」「中国軍高官は二十四時間以内で台湾攻略可能と発言」といった大きな見出しで、どこかで聞いた噂を確認もせずに一面で報道するのですね。中国マスコミの質の低下を僕も嘆いています。

お上から容認範囲の限界が決められる中でいかに話題を呼ぶ記事を載せるか、中国国内の記者たちの知恵は、規定すれすれの記事、スクープを書くことです。彼らは中国語で「擦辺球」といいます。卓球で台の端をかすめて落ちるような球のことですね。当たっているとも当たっていないともいえないような。

上村●「卓球台の端をかすめて落ちる」というものですね（笑）。

朱●そこのところをほとんどのマスコミがやっていますね。それをやらないと生きていけなくなったのです。一部が勇み足で失敗する例もありますよ。その場合、宣伝部から懲罰を確かに受けます。その号の記事の回収とか、自己批判書を書くとか。しかしその新聞社も、他のマスコミも一向に懲りない。また同じパターンの記事を出す。中国はすでに、このようなマスコミによるゲリラ戦の時代に入ったのですね。

日本でも大きく伝えられた『氷点週刊』事件も、私はそれこそ中国のもはや止められない変化を如実に示していると思います。

『氷点』というのは、中国共産主義青年団の機関紙『中国青年報』のグループに属する無名に近い新聞です。中国宣伝部は、『新京報』を含めて民間の新聞に対して簡単に停刊を命じる権限はもうなくなっています。そこで最近のマスコミの自由化に対して、『氷点』を槍玉に見せしめ的な懲罰をしたわけです。

なぜ当初、『氷点』紙の停刊を命じることができたかと言うと、それは一応、共産党外郭団体である共産主義青年団の機関紙に属するためです。言ってみれば日本でも、自民党の機関紙、公明党の機関紙は党の方針を簡単に批判できないわけですね。要するに「党の機関紙が党の方針を批判するのはルール違反」との名目で停刊にしようとしたわけです。

これまでなら、停刊に追い込まれたら反発はあっても決定の覆しは考えられなかったのですが、ところが今の中国では、停刊命令で問題が終わらないのが現実ですね。私自身も今回の事件を見て一番驚いたのはこの点です。

『中央宣伝部を討伐せよ』（草思社）という本を書いた北京大学の助教授を、その本は日本でも訳されているのですけれど、今は逮捕できないのです。

上村●焦国標さんですね。

朱●そうです。彼は今年に入って日本にやってきて、櫻井よしこさんと対談して中国の体制を散々厳しく批判したのですが、帰国しても捕まった話は聞きません。中国では焦国標という人の最近の文章から見て、売名行為が多いから彼を捕まえればかえって有名にさせてしまう、だから、ほうっといた方が国内の学者の間でもますます孤立していくとの意見を何人かの学者から聞いています。おそらく当局もそのように彼を無視する方針を採っているのですね。

『氷点』停刊の公表後、問題の発端となった編集長はインターネットを通じて海外に意見を次々と表明し、また日本のマスコミの取材も受けている。そして党の長老を含め、著名人たちが連名で『氷点』停刊の決定がおかしいとの批判声明を出しています。結果はどうかと言うと、編集長は解任されたが、その新聞は正式に停刊命令を受けたにもかかわらず、復刊してしまったのですね。

日本の基準から見れば、中国当局の規制が厳しい、マスコミの自由度がない。西側の目からすればそのような結論を出すでしょう。しかし中国の中の変化を見れば、それはかつてないほど大きな前進です。良心あるジャーナリストの闘いで初歩的な勝利を収め、記者たちの権利主張がある程度認められたことになります。

もぐらたたきを例えにしますと、中央宣伝部が木槌をもって規則違反の記者というもぐらをたたくことについて、日本では一個の木槌が一個頭を上げるもぐらを叩いているとのイメージで捉え、「だから中国のマスコミは依然、厳しい規制下にある」という結論になりますが、しかし実際は、今の中国では、一個の木槌が見せしめ的に一個のモグラを叩いていますが、他に同時に二十個のもぐらが頭を持ち上げている、という状況です。マスコミが報道の自由を追求し、実際にその容認される幅がますます広まる、という趨勢はもはや誰も止められない、というのが中国の大半のジャーナリストの現状認識でしょう。

上村◉一つはネット言論というのが生まれて、インターネットを通じて意見を発表するようになった。仮にインターネットのウェブサイトを開いて政府を批判したら、ネット警察というのが三万人いて、それを潰しにかかってくる。くるのだけれど、また新しいのを作ろうと思えば作れるわけです。あるいはメールで、海外の友達にメールで送って、それを海外のホームページで原稿を出すとかいったことができるわけですね。相当ゲリラ的に、知識人が自分たちの意見を出すようになった。

これはやはり、インターネット時代の新しい現象ですね。これは今までになかった、中国の歴史の中でかつてなかった状態だと思います。

もう一つは、やはり、共産党の権威が低下した。要するに権威では締め付けられないのですね、ネットというのは。では力というか警察力でつぶし切れるかというと、もはやそれもできないということで、情報が漏れているのです。

やはり中国社会において、価値観とかそういったものが多元化し、それがじわじわと進んでいるということだと私は思います。ですからそれが一つ、将来の民主化のための基盤の一つになっていくかもしれませんね。

香港の一国二制

上村●今ちょうど民主化の話をしていましたけれど。香港はですね、政治体制も別ですよね、中国とは。

一国二制（一国家二制度）というのがあって。中国大陸は社会主義、共産党一党独裁ですが、香港は資本主義、民主主義で野党の存在が認められている。言論も自由ですね。まあ、実際はいろいろ中国から圧力を受けていて、本当の意味での民主化はなかなか進まないようですが。

私は香港というのは、中国の現実主義的な発想を象徴する場所だと思うのですね。どういうことかというと、九七年七月に中国が香港を回収するわけですね。イギリスから言わせると、返還するわけですけれど。

ただその百五十年近い植民地の間に、香港は選挙を導入したり、それから市場経済を導入して、中国と全く違うシステムになったわけですね。しかも非常に豊かな、先進国並みの経済力を持つ地域になった。

中国が仮に早く強い国になりたかったら、香港を回収して財産を全部取ればよかったわけですね。ところがそれをすると、香港からお金が逃げていく。そうすれば、元も子もない。

でも、じゃあ中国の国家目標は何だ、といったら、それはまず豊かになることだったのですね。そうすると、社会主義の中国と資本主義の香港というまったく別のものを、香港を社会主義に変えて取り込むのではなくて、そのままにしておいて、一つの国の中に社会主義の中国と資本主義の香港と、二つあってもいいじゃないか、そういう発想をしたわけです。

これは鄧小平さんの発想だと思いますけれど、非常に現実的な発想です。おそらく日本だと、そういうことはできないと思いますね。日本がどこかの、例えば沖縄などが同じような状況になった時に、じゃあ全く違う体制のままに受け入れることができたかというと、できなかったと思いますね。

ですからそれは、すごい発想だと思います。この一国二制というのは。しかもそれを、五十年間続けろという。この五十年間というのもまた、日本人では考えられない時間のスパンですね。

日本だとせいぜい十年ぐらいの長さでしかものを考えられないけれど、中国の鄧小平さんについていうと、五十年間のスパンで考えて、「五十年間いいじゃないか、資本主義でやって、全く違う制度でもいいじゃないか。それで、五十年たった段階で、もう一回考えよう」といったような発想をしたわけです。

ですからこれは、中国が持っている非常に柔軟な現実的な発想だと思います。その人たちの国家観というのは、まず豊かな中国を作ろうというのが、最前提にあったということですね。だから一国二制は、その象徴だと思うのです。そういう意味では、上海や広東を政治特区にして、民主化を進めるという発想は、不可能ではないと思う。まあ、北京にいた時に、私自身、いろんなルートを通じて提言したけど、みなさん否定的でしたがね。

朱 ●私も一国二制を肯定するという立場で話をします。中国の近代化のプロセスというのは、百年スパンで見れば、それは経済の近代化、教育水準などの向上に伴う社会の近代化、そして政治システムの転換を意味する政治の近代化と共に、実は国の形態の近代化ということも含まれますね。

近代以来、欧米諸国は、「ネーションステート」(国民国家)という形で始まったわけですが、中国はそのようなネーションステートには今日もならなかったのですね。今後も、五十六の民族、十三億の民をどうやってまとめていくかが、大きな課題です。

この巨大な国家の将来像について、日本の中の一部では、分裂すればいいという話もあるのですけれど、まあ、大半の中国人は、それを望んでいないでしょう。

現実的に、分裂という解決方法はすっきりするようですが、実際は後々まで後遺症が残ります。まず分離独立を互いに煽る過程で、互いに憎しみを持ち、その中で死傷者でも出ると、もう収まらないことになります。そのような憎しみの連鎖は旧ソ連の崩壊、旧ユーゴの崩壊を見れば分かるのです。また、中国は複雑な民族構成があり、互いに入り乱れて住んでいますね。何処の土地を誰にあげて独立させるなどといって、分けることはできません。新疆には十四の主要民族がいて、最大のウイグル族は漢民族を追い出して自分の主導する国を作りたい。しかし、ウイグル族より小さい民族は漢民族との連携を密接にしています。彼らは漢民族というオモシ、バランサーがいなくなると、完全にウイグル族に抑えられてしまうと常に懸念しています。だから、ウイグル族の独立派、独立組織については聞きますが、カザフ族、キルギス族の独立派、独立組織は聞いたことがありますか、ありませんよね。このような複雑な民族問題は白と黒をはっきりさせる解決方法はありません。やはり、アメリカ方式の連邦制にもっていく以外に、真の民族自治と融和がないのではないかと、中国国内でもそのような議論が、一部始まっています。

漢民族地域でも、この二十数年の経済改革を経て、地方の権限が明らかに強くなってきているのです。その中で地方分権の方向が政治の仕組みにも影響していくと予想されます。最終的には、時間は三十年、五十年とかかるかもしれないのですけれど、連邦制の方向に向かっていく可能性は高いと思います。

その中で香港をどのように位置付けるかというと、私は二十年後に振り返ってみて、もしかすると香港返還が、今後の中国の連邦制に向かう起点だったと総括されるのかもしれないと思います。

だって香港というのは、最初から、中国本土の社会主義体制に対して外交と軍事権だけ中央政府に委ねて、他は高度の自治を進め、資本主義体制を保ったままになっている。アメリカの連邦制も、実はほとんど同じやり方なんですね。もちろん通貨はアメリカは各州とも同じドルを使いますが、香港は人民元と違って香港ドルを使っています。そこは違うのですが。いずれにせよ、香港の「一国二制度」の確立は長期的スパンで見て、中国の連邦制への始まりと見ることができます。なぜなら、中国の各地方とも「香港がここまで大きな自治権を持てるのに、我々はなぜできないのか」と、そう主張するようになるでしょう。ダライ・ラマも今、「自分はチベットの独立を求めていない、香港方式の高度な自治を求めているのだ」と表明しています。

時間はかかると思うのですが、おそらく台湾の将来もこのような中国の連邦制の枠組みの中に納まっていくと考えられます。何といっても、各連邦地域はそれぞれ独自性を残しながら、統一国家のメリットも享受できるので、言ってみれば、ＥＵと同じでしょう。もちろん、その方向を決めるのは民衆であり、また経済情勢の行方です。経済が混乱したら、連邦制どころか、本当にばらばらになる可能性があるのではないかと思いますね。

中国脅威論がでたわけ

上村◉いま、より長い時間で、中国を考えるという話をされました。それについていうなら、中国には実は、もう一つの面がありまして、それは非常に強硬な理念なのですね。理念と言う言葉が適切かどうかわかりませんが。中国の場合、国民の潜在意識の中に、単に豊かになりたいというだけではなくて、アヘン戦争以前の状態に戻りたいという発想があるのではないかと思うのです。つまりアヘン戦争の前に、清朝という大きな帝国がありましたけれど、そこまで戻りたい。戻らないと、自分たちがアヘン戦争以来の百年間の歴史の中で受けた被害を回復できない、という発想もあるわけです。

この発想をつきつめていくと、かつての栄光の王朝、周辺に覇をとなえるというところまで戻りかねないわけで、それは軍事大国というところまでいってしまいかねないわけですね。単に豊かな、「富国」というだけではなくて、「強兵」というところまでいってしまう。

鄧小平さんはそうではなくて、まず豊かになろうという、もっと現実的な発想だったわけです。だから僕は、鄧小平さんがいたときの中国というのは、基本的には平和的な環境を求めていたし、そういった現実的な国だったと思う。

もちろん、鄧小平さんは権力基盤を固める段階で、ベトナム懲罰戦争を始めた。国内的には、天安門事件を武力鎮圧しました。しかし、経済成長、経済建設を柱にした段階で、外の世界にはかなり柔軟に対応するようになった。最後は身体を張って、高齢なのに中国南部地方を演説して回って、市場経済に転換させたのです。

ただ先ほども言いましたけれど、中国には反植民地主義、反帝国主義という大きな考え方があって、これがナショナリズムと結びつくと、非常に危険なものになる可能性があるわけです。反日運動ばかりが注目されますが、九九年には旧ユーゴスラビアの中国大使館誤爆事件を契機に、反米運動も激化したのです。

つまり自分たちの心の中の、ある種、復讐心的なものを含んだものが出てくるわけですね。これはどの国にもあることだけれど、中国にもあると思うわけですね。

そうすると、ずっと「富国」でいっているのだけれど、どこかで「強兵」というふうに出てくる可能性はないのか。

私個人は、中国はまだ脅威ではないと思っているのです。それはさっきも言いましたけれど、中国は中にいろんな問題を抱えているし、そこまではっきり言えるような状況ではないと思うのです。

それにもう一つ、中国の意図というものがあります。少なくとも、胡錦濤国家主席はどうも、経済建設優先でいきたい、平和的発展、平和的台頭を望んでいるようです。ただ、軍内部や強硬派の指導者は、どうもこの意見を支持していないようで、意見が分裂しているようにも思います。

いずれにしろ、中国はいまはまだ、脅威になるのかどうかの分岐点にいると思います。アメリカも中国に対しては、そういう見方をしていると思います。つまり脅威になるかどうか、これからが大事だというふうに思っているのでしょう。もちろん、これもまた、国務省と国防総省では見方が違うようですけれど。

そこで、どういうところが脅威になりうる要素としてあるのかというとですね。先ほども言いましたけれど、軍事的な、要するに軍部が台頭してきているのではないかという問題があるわけです。

具体的なことで言うと、まず国防費が、軍事費が十八年連続で二桁成長していますね。もちろん中国側はそれに反論していて、経済発展とか生活レベルが向上しているので、兵士の給与や福利厚生も向上させているのだとか、そういったことを説明しています。それは必ずしも軍事力とか武器だけを強化しているのではないという風に、説明しているわけです。

それに対しては、でも軍事費の内容が不透明ではないか、と批判されている。つまり中国の場合、科学技術費の中にも、実は武器の予算が入っているのではないかと。あるいは、例えば神舟五号、六号という有人宇宙飛行船を打ち上げましたけれど、それは軍ですよね、主体が。

だから、いろんな分野で実は軍事力を向上させているのではないかという指摘が出ている。先程香港について、非常に現実的だと言いましたけれど。つまり香港という存在をそのまま受け入れて並行させていこうと。あんなに小さいところだけれど、ちゃんと存在を認めてあげようと言っている。

次は何をやるかというと、台湾統一なのですね。台湾を統一した段階で、中国は初めて清朝のアヘン戦争以来の歴史にピリオドを打つことができて、ようやく元に戻るわけですから、何としても台湾を統一しないといけない。

ただ台湾の中に、独立運動に走る人がいる。あるいは、住民の中では統一は嫌だ、いまのまま（現状維持）がよいという意見が多数を占めている。なかなか、香港のようにはいかないわけです。そうすると、やはり軍事力で独立運動を抑止しないといけない。だから軍事力を強化しているのではないか、という指摘もあるわけです。

そうすると、米国との関係もさらに緊張する危険がある。そして、それが一つの刺激になって、中国国内で軍が発言力を強めて、国家の進む方向に影響力を与えるようになるのではないか、という風に懸念するのです。

朱
ですから、今は脅威ではないけれど、危ない部分を含んでいるというのが、私の見方です。
●脅威論の定義については、基本的には上村さんと同意見です。脅威かどうかの判断は、軍の実力とその意図、の両方から考えるべきですね。発展しているから脅威だという単純な論理だったら、アメリカこそ世界最大の脅威になるわけですね。

意図のことについて言うなら、中国はこれからの十年、二十年ないしもっと長い期間において、国内の発展優先、国内安定優先というのは至上命題だと思うのですね。今の中国の経済発展は多くの問題を抱えながら積み木を立てているようなもので、微妙な均衡の上に立って前進していますが、対外紛争などでバランスが崩れたら、一気に国内の矛盾が噴出し、収拾がつかなくなることを、現指導部は一番知っているでしょう。

では台湾に対してはどうか。中国の軍事力の増強は、台湾独立を牽制するためだとおっしゃっているわけですが、私はこの問題に二面性があると思います。一方で牽制しながら、実際は台湾との武力衝突を極力避けたいのですね。

なぜ武力衝突を回避したいのが本音かというと、第一に人民解放軍がそのまま勝てるかどうかという問題がある。これまで台湾海峡における双方の軍事力は均衡が維持されており、人民解放軍は簡単に台湾を攻略できない、というのは一般的な見方です。しかし最近、日本の防衛研究所が出したレポートは、台湾海峡の軍事的バランスは大陸側優位に傾きつつあると評価し始めています。

台湾をめぐる軍事衝突は誰から見ても、米中間の戦争を意味するでしょう。しかし米国が介入したら、解放軍には勝ち目がないということも、中国は一番良く知っているわけです。

第二に、本当に武力行使に踏み切った場合に、当然アメリカ、日本、欧州連合（EU）との関係は、決定的に悪化します。中国は近代化路線を捨ててもいいという覚悟ができるかどうか。経済の対外依存度が日本よりも高くなっている現状から見て、おそらく中国は経済崩壊のリスクを冒せないと思うのですね。

第三に、すでに触れたように、今の中国はちょうど転換期にあって、国内には多くの問題と内部矛盾を抱えています。本当に台湾方面に軍事力や全ての資源を集中すれば、国内の微妙な均衡が崩れ、中国社会が大混乱に陥る可能性があります。

第四に、「台湾問題」はその後も消えないでしょう。それが中国外交にとって数十年にわたって重い課題となり、孤立に追い込まれる可能性が大きいのです。

第五に、百歩譲って解放軍が台湾を制圧したとします。その次には台湾民衆とどう立ち向かうかという問題に遭遇します。台湾民衆の生活水準と自由度は、大陸よりも高いわけですから、彼らを苦しみから解放する、という大義名分は成立せず、むしろただの占領軍と見られるでしょう。そこのところを、北京は本当は分かっています。

問題は台湾に対する軍事力を使えないことが分かっていながら、なぜ、軍事力を依然急速に整備しているのか。それは台湾の独立と分離を許してしまうことの代価も極めて大きいことを中国指導者は知っているためです。台湾は中国にとって近代以来の屈辱の最後に取り残された象徴です。台湾との統一、というスローガンをどんな中国政権とも下ろせないのです。

もう一つは、ナショナリズムが台頭する中で、本当は軍事力を使いたくないのですけれども、かといって台湾に独立宣言されたら、「いいよ、黙認するよ」ということを言えるかどうか。言えないですね。台湾の分離独立を容認したその瞬間、中国指導者は国内の民衆によって倒されるでしょう。昂揚するナショナリズムを背景に、中国指導部にとって、負け戦と分かっていても戦わざるを得ません。本当はそのような局面を避けたいのです。そのため、台湾に対する軍事的抑止力の整備が中国にとって緊急課題になっているわけです。台湾側ではどんなに独立しようという意欲があっても台湾の壊滅を招くという結果が分かれば決定的な一歩を踏み出せなくなります。本当はこのような威嚇の下では台湾民衆の心をつかめるはずはないことを、北京の指導者も分かっています。そこで抑止力を強化しながら、台湾との経済的な連携を強化したり、台湾民衆との交流を促進したりして宥和政策も取っているわけです。

中国から見れば、「中国脅威論」はむしろ主に日本から出ているとの認識があります。かつて東南アジアでは一時期中国脅威論が出ましたが、今は出なくなっていますね。

中国の急速な台頭に対して日本が相当な心理的な圧力、プレッシャーを感じているのですね。また中国の軍事力の整備がいまだに不透明なところがあります。それに対する懸念は分かりますし、中国はもっと丁寧に説明し、透明度を強化していかなければならないのです。

一方、日本で出ている中国脅威論は、日本の防衛力拡張、さらに新型兵器の開発と購入の理由として必要なので、わざと強調されているのではないかとの見方も中国にはあります。世界最強のアメリカと組んで、日本自身も世界一流の防衛力、防衛産業をもっているにもかかわらず、中国脅威論を煽るのはおかしいのではないか、何か計算があるからではないかとの疑いです。

では中国の軍事力は果たして日本の防衛力と比べてみて、どうなのか。日本の防衛力も日本の領土を守るのに、アメリカの支援がなくても誰も日本を攻め入ることはできないと、専門家たちは見ています。まして最重要な背景、日米軍事同盟が存在しています。

日本での中国脅威論は結局、中国の軍事費の近年の大幅な増額が唯一の確実な根拠ですね。でも中国の軍事費の増額は、八〇年代以来の、軍によるビジネス経営を減らしてきたことへの補償、他の職業に比べて軍事の収入が低すぎることへの対応、ＩＴ時代への対応など多くの要因があることを、専門家たちは分かっているはずです。何よりも、朝日新聞編集委員の田岡俊次さんが言ったように、中国はどれくらい軍艦を作ったのか、どれくらい先進的な飛行機を作ったのかという検証がないのに、中国脅威論を煽るのは無責任ですね。

実際に、中国の海軍、空軍力がいわゆる国防費の二ケタ台の増額と比例して急増しているのか、それを冷静に見る必要があります。中国は軍事技術力の面において日米などに比べて十年以上の差がついていると一般的に見られているし、そのハイテク兵器はいずれもロシアから購入しないといけないのです。この部分について、私は冷静に見る必要があると思っています。

逆に、中国でも日本警戒論は出ていますね。日本が持っている軍用機、戦艦はいずれもアメリカに次ぐ最新鋭のもので、数は少ないが、今の中国の軍事力ではとても太刀打ちできませんね。そのため、日本で大型の新鋭軍艦が進水するたびに、中国の中では日本の軍事力、防衛力に対する警戒感が出てきます。もちろん日本の防衛力は国内的にも対外的にも多くの制限があり、また中国より透明性があるので、だれも日本の防衛力をそのまま脅威と決め付けることはできないのですね。

その意味で両国国内の議論とも、一方的なもので、バランスを欠いていると思います。

では中国の問題はというと、先ほど触れましたが、透明性をもっと強化しないといけない点です。公表された軍事費以外に、どういうものがあるのかということ、そして軍事力の整備の目的は一体何のか、もっと対外的な説明責任があると思います。

ただ、日本も中国が不透明性を保ってきた背景を理解する必要はあると思います。そもそもこれまでの中国が、先進的軍事力を有するアメリカや旧ソ連に対して、その軍事力が遅れていることは誰でも知っているのです。そこで曖昧さを保つことが、自分より強い国への牽制力、抑止力にもなると考えてきたのです。しかしもう大国になった中国は、そのような弱者意識に留まらず、もっと信頼される国になるよう違う発想で対応していく必要があるでしょう。

また日本側は中国の軍事費の伸びを見るだけでなく、これまであまりにもその額が低かったこと、今でも世界各国との水平の比較で、中国の軍事費が突出していないことも知っておく必要があります。中国の国防費は今でも、GDPに対して一・三から一・四%のレベルで、日本のGDP比の一%に次いで世界の一番低い水準でしょう。他の大国はみな二・五%以上なのですね。アメリカはなおさら、その国防予算はほかの国防費大国八カ国の総額よりも大きいのです。

中国は隠れた軍事費があるのではないか、という疑問がいつも出ますね。それぞれの計算方式があって、ロシアからの武器購入は別の特別予算を立てていること、人工衛星開発の部門も軍が担当していること、その曖昧な部分を指摘している外部の専門家はいます。ただどんなに見積もっても今の国防費の二倍や三倍が隠れているという説は説得力がありません。

各国の国防予算はそれぞれ計算方式が違うのですね。日本の南極観測は誰がやっているのかというと、それは海上自衛隊が担当しています。しかしそのお金はどこから出ているのかというと、科学技術庁から出ているのです。中国に隠れた国防予算があると言うのと同じ論理で、日本にも隠れた防衛費があるということになりますね。

ですからそこの部分は、ただ互いに脅威論を煽るのではなく、軍事面でも交流を通じて信頼関係を深めていくべきでしょう。一方的に中国の軍事力が脅威だという話は、あまり生産的ではないと思いますね。

――反論はないですか。

上村●武器については、たしかに、中国はまだ相当古い武器を持っていて、それを更新していますね。しかもそれも、そんなに最新鋭の武器を購入しているわけではないという指摘もあります。軍事力を客観的に見ていけば、脅威論というのはかなりほぐれてくるかもしれません。

ただ日本側が言っているのは、予算の問題だけではないのです。

春暁のガス田の騒ぎの時に、中国の軍艦が現場に展開しましたね。中国は東シナ海の日中中間線付近で「春暁」(日本名白樺)周辺でガス田を開発しているわけですが、○五年の九月、海上自衛隊のP3C哨戒機が付近に差し掛かった時、中国海軍の軍艦五隻のうちの一隻が、砲身をP3Cに向けました。

それから、中国の原子力潜水艦が日本の領海を侵犯しました。○四年十一月に石垣島周辺海域に侵犯して、政府は海上警備行動を発令する騒ぎになっています。

あるいは日本の最南端の沖ノ鳥島あたりにまで、中国の調査船が出没しています。この調査船もまた、中国海軍の船ですね。しかも中国政府は、沖ノ鳥島は島でなくて岩だから、排他的経済水域(EEZ)は認められないと主張し始めている。政府と軍が一体になって、日本の権益を突き崩そうとしている。

しかもそれについて、中国側からの説明がない。そういう具体的な事件もあって、日本は非常に過敏になっているのだと思います。

それから朱成虎《しゅせいこ》さんという、中国人民解放軍の少将、国防大学防務学院院長、要するに国防大学防衛学院の院長さんですね、こうした大物が、外国人記者を集めて核先制使用論を打ち上げた。これも○五年でしたね。つまりアメリカに、核で対抗すると宣言した。アメリカに対して核を先制する可能性があると言ったわけです。「米軍が中国領土の標的にミサイルなどを発射すれば、中国は核兵器で対抗しなければならない」と話したのです。

しかもその直後、今度はインターネットのサイトで、朱少将の国防大学での講演内容なるものが伝えられています。全面核戦争の到来を予想し、中国はこれに対抗しようという内容です。

「中国は全面核戦争を勝ち抜く」「住民を西安以西に移動させ、第一撃として韓国、日本、台湾に核を撃ち込む」と述べたと言います。まるで毛沢東時代のようですね。

毛沢東主席がかつて「中国は人が多いから核戦争で数千万人死んでもどうということはない」と話したことを思い出しました。

二〇〇四年の秋には、中国空軍副政治委員の劉亜洲《りゅうあしゅう》中将が「中国は軍の主導によって民主化を進めるべきだ」と主張しています。同時に、民主化の過程で国内が混乱するのを避けるため、日本を仮想敵にして国民の団結を図るべきだとも書いている。彼の発言は国内で議論を巻き起こし、それが「劉亜洲現象」と呼ばれるほどの騒ぎになりました。

劉さんは国内の農民の窮状に同情的で、共産党の腐敗に厳しい目を向けています。〇五年一月には「中国の本当のエリートと改革者は軍隊の中にいる」と述べ、軍主導で国家を改造すべきだと訴えた。これでは日本で「二・二六事件」を起こした青年将校たちと同じじゃないですか。

私個人は、それはおそらく軍による胡錦濤指導部に対する揺さぶりではないか、火遊びではないかとみています。つまり軍と政府が統一した意思でやっているのではなくて、軍強硬派が胡錦濤指導部を揺さぶるためにやっていること、ある種の牽制ではないかと思うのです。

しかしそれにしてもね、こうしたことも含めて、やはりあまりに不透明であるということで、日本の側から中国脅威論が強まっているのではないかと思うのです。


朱●朱成虎という軍人がアメリカへ核で反撃すると主張するのは明らかに、無責任な個人的意見です。日本を仮想敵国にするとか、その話は確認できていないから議論のしようがないでしょう。その後、朱成虎が軍内部で処分を受けたと香港の新聞『明報』は報じています。

僕が中国の軍関係者に何度も取材し、日本に対する本音を聞いたことがありますが、日本が単独で中国に攻撃する軍事力を持っていないし、その意図も見受けられないし、日本に攻め入っていっても中国にとってなんらメリットがないこと、それは中国軍側の一般的な見方だと思います。

また、軍側が旧日本軍みたいに、今の党の上層部に対して仕掛けるとか、突き上げるとか、そういう図式も今の中国では成立しないと思います。党による民衆に対するコントロールの力が緩んでいるのは事実ですが、かと言って、戦前の日本のように軍が勝手に暴走するようなことは、実はそれはますますできなくなっているはずです。

かつて四つの野戦軍に分かれて派閥がありましたが、今、建国世代の長老はほとんど消えています。そして現役の軍人の中で、師団長以上の将校の抜擢任命はすべて、中央軍事委員会の許可が必要となっています。一個大隊の部隊が自分の駐屯地から外に移動するのも、北京の許可が必要なのです。また地方軍区というのがあるのですが、今九九％の軍人は中央軍事委員会が指揮する集団軍に編成されている。地方軍区が管轄できるのは、一％の軍人しかいないのです。したがって一部の軍が地方と結んで軍閥化する可能性もなくなっています。

春暁ガス田のところに去年五隻の軍艦が来たということは、中国外務省が再三言ったように、通常の訓練で通過しただけです。その後もその前も通過しているということを、中国大使館は説明しているのですね。

上村●でも日本の哨戒機に、砲身を向けたでしょう。

朱　●いえ、そこは見方の問題です。自衛隊の軍用機が至近距離で執拗に警戒、監視をすると、誰であろうと中国軍艦の上空まで飛来する多国籍の軍用機に対して警戒して砲身を向けることはありうる反応です。問題は日本が一方的に東シナ海の中間線辺りまでを防空識別圏に設定して、中間線も越えていない公海で航行する中国の軍艦に接近したら、相手から威嚇行為と見られはしないかということです。もともと日中間で争っているのは排他的経済水域の問題で、中国軍艦は日本の十二カイリ領海の外ではどこでも運航できるはずです。しかしそれがまだ中国側の海域を航行中に、日本の軍用機が急接近してくることに対し、中国の軍艦が一門の砲身を向けたことだけを問題にするのはおかしいと思います。

原子力潜水艦が一昨年、日本の石垣水道を侵犯したことは、当然中国の非ですよ。中国はその後、武《ぶ》大偉《だいい》外務次官が、「技術的な原因で日本領海に入った。遺憾に思う」と表明して、釈明とお詫びを表明したのです。

このことの意義を過大評価してはならないと思います。私は退役した元海上自衛隊の幹部で、もともと潜水艦部隊の指揮官だった人に去年の末に中国原潜の日本領海侵犯の実際の要因を聞きました。その答えは、

「我々専門家から見れば、これは確かに技術的な原因によるものです。どうも電子装備か何かの問題で、方向認識不能になった模様で、日本領海に入ったと思われます。石垣水道に入る前の経路やその後の行動パターンから見てそう判断せざるを得ない」

と言っておられた。専門家は個人的にこのような分析ができても、日本のマスコミはどうしてそういう専門家の判断を掲載しないのでしょうか。原潜侵入を大げさに解説するのはほとんど専門家ではない評論家ですね。

日本は結局、今、中国の方を警戒しているから、そういう数年前の話を常に持ち出すのですが、ロシア側の軍用機と戦艦がそれぞれ去年から今年始めにかけて、日本の領空と領海を侵犯しているのですね。しかし、国民が知らないほど報道が少なく、小さいのですね。結局は捉え方の問題で、今ロシアを日本は脅威と思っていないから大きく報道しないだけですね。

上村●今は違うのですね。でも、昔はそうだったのですよ。ソ連の時には、戦闘機が頻繁に日本の領空を

かすめて飛んでいて、日本もぴりぴりしていたのです。それでも、まあ、政府としては、ソ連を脅威だとまでは言いませんでしたがね。

朱　●そうですね。ですから日本の心理的な受け止め方の問題があります。いまはロシアから侵犯されても冷静に対応できるが、一方、中国が説明したにもかかわらず、いまだに中国脅威論の根拠として使われる。私はそのダブルスタンダードが問題だと思います。

第6章

日本と中国は戦争をするのか?

中国人の六割が日中戦争を予想

――しばらく中国について見てきたわけですが、中国が日本をどう見ているのかと言う問題もありますね。あるいは、日本がこれからどういう国になり、中国とどういう関係を築いていくべきかという問題もあります。最近は、日本と中国が戦争をするのか、という刺激的な話まで出ているようですが。

上村●そうですね。日本に住んでいると、日中の戦争なんて想像もできないのですが、中国でそういう議論が起きているのは確かです。

終戦六十年の年（二〇〇五年）の夏に、中国でこんな記事が出ました。『中国新聞週刊』という雑誌が、インターネットを使って世論調査をしたところ、六割の人が「日本と中国は資源をめぐって再び戦争する」という風に答えたというのです。

「日本からは危険な軍国主義国家を連想する」と答えた人が八割いました。「日本の軍国主義が復活する可能性が高い」という人にいたっては九五％です。「日本政府が正式に謝罪しても永遠に信用しない」という人も五五％いました。

もちろん、調査の行われた時期は、中国にとって抗日戦争勝利六十周年という時期、ある意味で非常に敏感な時期だったのでしょう。インターネットを使っていますから、若い人がかなり感情的に反応した可能性もあります。

しかしそれにしても、数字が大きすぎる。しかも実は、他の世論調査でも二〇〇四年ごろから、同じように厳しい数字が出ています。

ですからどうも中国の中で日本に対して、軍国主義が復活するという思い込みといいますか、そういった見方があるのではないでしょうか。

二〇〇五年の九月四日、これは抗日戦争勝利記念日の翌日ですが、中国の英字紙『チャイナ・デイリー』などが行った世論調査の結果も出ています。ここでも、日本を軍国主義だという人が六〇％、民族主義、つまりナショナリズムが強まっているという人が五〇％、国家主義だという人が三四％と、やはり非常に厳しい回答が出ています。

一体中国の人はどうして、日本を軍国主義だと思うのでしょうか。我々にはなかなか理解できないわけですね。つまり日本は戦後、平和憲法というのを一応掲げて、戦争は一回も行っていません。戦争を起こさないために、何よりも民主主義が大切だと考え、これを育てようと、民主主義教育もやってきました。

それから国際社会に対して、政府開発援助（ＯＤＡ）などを通して経済援助も行い、地域の安定に貢献してきたつもりなのに、中国からは非常に厳しい目で見られている。どうしてこんなことになるのか、朱先生はどうご覧になりますか。

朱　●韓国の軍人に対するアンケート調査もありまして、七割以上の韓国の軍人が、最も警戒する国は日本だと言っているのです。どうしてかというと、互いにナショナリズムが高揚している背景もあるし、日本についての理解の不十分ということもある。かつての植民地支配がその心に残した傷の大きさ、深さを知る必要もあるでしょう。

中国に関しても、ご指摘のとおり、現実の日本についての見方がかなり偏っていますね。戦後日本の平和的発展と今日の民主主義の体制について中国ではもっと紹介されるべきでしょう。ただ一方、中国社会での日本認識が厳しいのは事実ですが、インターネット世代を対象に行ったアンケートの結果から、「中国の六割の民衆が日本との戦争を望んでいる」と判断するのもいかがかと思います。第一、中国の八億人以上の低所得層は生活以外に余裕がないから、正直に言って、彼らは日本の現状や戦争どうのこうのについて考える余裕もなく、発言はしないと思います。第二、中国の学者や経営者、ジャーナリストなどのオピニオンリーダーの層が日本を一段と理性的に見るようになっている趨勢も明らかです。彼らの中では一割でも「日中は必ず戦う」と信じる人がいれば多いほうだと思います。第三、インターネット世代でも、「憤青」（怒れる若者たち。インターネットなどで愛国的な意見を強調する傾向がある）と呼ばれる過激な一群を除く大半の人は、日本と戦争するかどうかといった挑発的な議論をナンセンスだと思っているので、答えていないですから、統計にも入っていないでしょう。特に中国の開放にともなって、日本への留学生、観光客が増えるにともなって、二十一世紀の世界で日中間で戦争するのはありえないと考える中国人はますます増えると思います。

私も中国のウェブサイト「人民網」で、日本の軍国主義化を主張する多くの質問に対して「過度の警戒は不必要である、事実ではない」と申し上げています。

その時に挙げた理由は、五つありました。

第一に、日本には平和憲法があると。ただそれが今後どうなるかについても、注目したいのですが。

第二に、日米安保条約ですね。それが日本の対外拡張の可能性をかなり牽制している側面もあると。

第三に、日本のシビリアンコントロールですね。文民統制。日本の警察は四十七の都道府県に分割され、中央政府には警察の操作・逮捕を発動する機関と命令権はないことを多くの中国人の友人に説明したら、みんな「知らない」と言っていました。

第四に、日本国民の平和主義です。それは戦後の平和発展の過程で、充分定着したと思います。

第五は、国際環境です。国際社会は中国と日本のいずれもが拡張主義的な軍事大国になることを許さないでしょう。第一にアメリカは唯一の超大国であるその地位に対する挑戦者の出現を認めないし、中国も日本も軍国主義の道を走り出したとたん、経済制裁と外交孤立に陥り、やっていけないでしょう。

ただ、中国や韓国で日本の行方についての心配が消えたわけではないのも事実です。それについて「日本の何が心配されるのか」についてこれから三点、中国人の内心の不安を申し上げたいと思います。

第一に、日本は一体、「これはするが、これは絶対しない」という一線を何処に引くか、見えません。そのため、日本の行方に漠然とした不安が残ります。

戦後の日本は確かに、戦前と決別して出来上がったはずですが、今の政府高官でも「侵略戦争はなかった」「東京裁判を否定する」と発言する人がいて、結構大きい声を出しています。結局、このような発言は自ら戦後の日本と戦前の日本との区別を曖昧にしてしまっています。日本の何を信じればいいのか、相手国の国民には一段と分からなくなるでしょう。民主党代表の小沢一郎さんも言っているのですが、戦前の日本は最初から中国への全面侵略という計画を立てたわけではなかったのですが、結果的にそこに行ってしまったわけですね。これからの日本もこのようにずるずるといってしまう恐れがあると。

「いや、我々には平和憲法がある」と多くの日本人は思うでしょう。それは専門家は分かるのですが、しかし戦争と戦力を放棄すると憲法に明記されていますが、東アジアで最強の軍隊の一つを日本が持っているのも事実です。今後の改憲論議の中でも、まず周辺国に対して「日本はこれはするが、これは絶対しない」との点をまず明示し、理解してもらう努力を払うべきでしょう。

二点目は、日本政府の首脳などが日本の重みを自覚しない発言をすることで、誤解を大きくしてしまっている点です。

考えてみれば、現在の日本のＧＤＰは中国の三倍近くあり、アジアの半分以上を占めているのですね。軍事費も最近のストックホルム平和研究所の発表によれば、アメリカに次ぐ世界二位です。そして日本の軍事技術力は、アメリカの軍需産業、武器を支えるものをもっているわけですね。核兵器も作ろうとすればいつでも作れます。

そのような巨大な実力、世界への影響力を持っているにもかかわらず、日本社会では「自分はアメリカや中国などに比べて影響力が小さい、弱い」と思う人が多いでしょう。国民の大半が日本の大きさを自覚していないのじゃないですか。政府の高官もそのような意識に基づいて軽い気持ちで発言をするのじゃないでしょうか。

しかし、閣僚が問題発言をして、ご本人は「あれは、個人的な立場と心情を話しただけだ」と弁明しますが、海外の目はそう見ないでしょう。それを日本政府の意向、「隠そうとする本音」と捉えてしまう場合が多いのです。たとえば日本の外相がよくも公然と、「中国は脅威だ」と発言します。民主党の前代表も同じ発言をしました。ほかのあらゆる国は、アメリカを含めて中国に対してこのような表現の使用を避けていますね。中国が安全保障面で日本の脅威になっているとはどこの国の専門家も考えていないし、外務省官僚もその後、国会答弁で外相発言を覆す形で、「いや、中国は脅威ではない」と説明したのですね。

しかし相手国からこの発言をどう見られているでしょうか。「脅威とは、敵とみなすことです。日本の外相はこんなに中国を敵視して脅威論を煽っているのか、これは日本政府の本音でしょう」と何人もの学者、記者から驚きの声を聞いています。

最近になって麻生外相は、三月末の胡錦濤主席の対日談話を高く評価する発言をしていますし、その「中国が脅威」だという発言が日本政府の見解ではないことも分かりますが、大国日本の外相が、自分の立場の重みを考えずに発言していることが誤解を招くネックではないでしょうか。

三番目ですけれど、おそらく韓国も中国も、日本社会に本当に健全な牽制勢力、批判勢力があるか懸念しているのですね。

日本は集団主義的な部分があって、ある方向に急速に変わることが、歴史上常にあったわけです。ここ十数年で見ていても、国連平和維持活動（ＰＫＯ）について十数年前は、カンボジアに行くかどうかをめぐって反対が圧倒的に多かったのですが、今はイラクに派兵しても、これという抑止力は働かない。そもそもアメリカはイラク戦争を支援した理由に「イラク旧政権が大規模破壊兵器の開発をしている」

を挙げていたが、大統領のブッシュさんも、イギリスのブレア首相もその点について判断を間違えたと表明しています。日本政府は今でも当初の誤った説明に立って、いかなる法律根拠もない海外派兵を、正当化し続けていますね。

そのような中で日本社会が、どちらか一つの方向に傾いてしまう場合、何が本当の牽制勢力になるのか、極端に走らない保証が何処にあるか、周辺諸国には分かりにくいですね。日本は諸外国のこの種の不安を解消する努力をもっとして欲しいのですね。

軍国主義復活論

上村●過去の戦争を肯定するということが、日本の主流の意見になったことはないと思います。日本の国民も政府も、過去の戦争は反省しているし、政府自身が謝罪しています。

国民の世論を見ても、あれは日本だけが悪かったのではない、という議論をしている人はいます。とくにアメリカとの戦争についてですね。米国にも責任はあったし、核兵器の使用はやはり許せないという声もある。私はそれは許容範囲、言論の自由の範囲だと思うのですね。歴史の議論はむしろどんどんやっていいと思う。

そういう議論の中で、例えば仮に過去のことを賛美する人がいたとしても、だから憲法を改正して昔の軍国主義を再現しようとまでは言っていないでしょう。議会は機能しなくてもいい、文民統制もいらない、経済は市場経済から統制経済に戻そう、すべて資源は政府が管理する体制に戻そうとか。そういうことをいう人はもういませんよ。

日本の軍国主義というのは、そういう体制だったのです。政治は大政翼賛、経済は統制経済、国家総動員令があった。そこに戻そうというのではないのです。いろんな議論が出ていますが、基本的には過去の戦争の断罪の仕方があまりに一方的だったのじゃないか、戦争で亡くなった人のことをあまりに無視したり、悪し様に言い過ぎたのではないか、という思いがあるのじゃないですか。

だから私は、あまりにも中国が過剰に反応しているのではないかなと思います。あるいは別の意図があって、外の恐怖を煽っているように見えるのです。

朱●日本社会にある多数の意見の中の一部であれば、いいのですよ。今中国や韓国が問題にしているのは、日本の閣僚、政治家、為政者の発言ですよ。

上村●だから一部の閣僚の発言に問題があると思うなら、その発言を、発言の内容を批判すればいいじゃないですか。それだけで、日本全体が軍国主義に戻ったとか、日本が反省していないというところに議論を飛躍させるのは、私はちょっとおかしいと思う。それは危機を煽る危険なロジックだ。

朱●いや、閣僚は国の顔でしょう。

上村●過去に、侵略戦争を美化する発言をした人は、現実に罷免されているじゃないですか。

朱●まあ、最近は罷免されなくなったのですね。十年前は、おっしゃるように罷免されてますか。

上村●罷免されないといけないような発言が、最近、ありましたか。誰が罷免されていないのですか。

朱●森岡正宏厚生労働政務官が、東京裁判の結論すら否定する、ということがありました。しかし戦後日本は東京裁判の結果を受け入れて再スタートしたのです。その責任は追及されていないじゃないですか。閣僚が侵略戦争を肯定する発言をしても、これは個人の意見だということですまされている。二十年前と比較すれば、顕著な一つの変化ですよ。

上村●確かにその枠が、許容している範囲が広がったのかもしれません。東京裁判自体について、いろんな人が確かに批判していますね。しかし政府の見解として批判しているということは、私はないと思います。まして、本気で軍国主義を復活させようなんて閣僚はいません。それが一つね。

それからもう一つ。おそらく、確かに日本が自分たちの立場、大国であるということを意識しないで発言しているのではないかということもあると思います。しかし同時に日本から見ると、中国も大国になっているのに、自分たちの立場をちゃんと踏まえて発言しているのかともいいたくなる。

日本は過去六十年間、戦争してこなかった。でも中国はチベットに侵攻した。ベトナムに懲罰戦争を仕掛けた。ソ連やインドとも戦争した。台湾が民主的な選挙をしようとした時に、それを軍事力で脅迫した。そのためにアメリカが空母を、空母機動部隊を二つも台湾海峡に向けて急派するという、大変深刻な事態まで引き起こしている。

日本人は、核に対する非常に強いアレルギーがあるわけです。そして国際社会が核廃絶を呼びかけているまさにその中で、中国は核実験をしました。日本が抗議したにもかかわらず、それを繰り返した。そういったこともあるわけです。ですから日本から見れば、よほど中国の方が大国としての自覚に欠けている。

朱●ちょっと待ってくださいね。「中国がこうだ」という話は、論理としてすり替えられていますね。日本の何について中国や韓国で懸念されているかを説明したのです。

上村●いやそうじゃなくて、日本が大国としての自覚のない発言をしている、というから、その部分についての反論としては、中国も大国としての自覚はありますか、と言ったわけです。

朱●しかし今の問題は、中国の国民が日本に対してそのような懸念を持つことがおかしいという話で……。

上村●いや、おかしいというより、どうしてこういう風になったのですか、と聞いているわけでしょ。それに対して先生は、何か閣僚の発言とかがあるとおっしゃった。それについては僕が、だから一部の人ですと言ったわけでしょう。

それで更に、朱先生は日本に大国としての自覚がないというから、それを言うのだったら中国だってそうじゃないですかと。日本だけが大国であることを自覚していないわけじゃないでしょう。

朱　●それについても反論があるのですけれど。チベットについてはダライ・ラマも、「中国の一部であることを否定せず、外交・国防権は北京にあり、我々が求めているのはその枠組みの中での高度な自治だ」と言っています。なぜそれが侵攻ですか。

台湾が独立的な傾向を示したら中国は主権と領土の完全を守るためにいかなる措置でも取るでしょう。アメリカからどんなに干渉されても、です。たしかに戦後の冷戦時代、中国はインド、ベトナム、旧ソ連と国境紛争、国境戦争がありました。それは一方的な話ではないのです。何よりも中国が一貫しているのはどこの国からも一寸の土地も取らない、占領しない政策です。しかし自分の国家主権についてはどんな犠牲を払っても守るでしょう。

日本が戦後、一度も侵略戦争をしなかったことはその通りで、日本国民が平和を願ったところが大きかったと言えます。ただ、日本の戦後はアメリカの占領下で始まった。日米安保条約があって、今でも単独で対外戦争を発動できない仕組みになっています。厳しく言えば、周りの国からは、日本は独自な意思として今後どうするか、まだ証明されていないとの気持ちがあります。ではアメリカの要求や容認の下で日本は戦後、果たして何もしなかったのか。朝鮮戦争にこっそりと掃海艇を出していたことは明らかになっています。ベトナム戦争で無差別な空爆を行うB52戦略爆撃機は日本領土にある米軍基地から飛び立ったのです。また、台湾に戦後、こっそりと軍事顧問団を送ったことも、明らかになっているのです。

上村●送ったのではなくて、彼らが自分たちで行ったんです。

朱　●形はその通りですが、日本政府首脳が事情を了解していますし、当時の中国封じ込め政策に合致したものとして容認されたのでしょう。私は日本の軍国主義はありえない、と再三話していますが、だからと言って日本が潔白で中国は侵略拡張の国、という図式には問題はあると思います。

日本が戦後、非核主義を貫いてきたのは敬意を表しますし、大変いいことです。しかし現実に日本は、アメリカの核の傘の下で守られている。この背景を忘れてはなりません。中国は誰が守ってくれますか。中国は朝鮮戦争以来、何度もアメリカ、ソ連から核使用の脅しを受けているのです。そのため、核開発に踏み切ったのです。

究極的に日中ともに核のない世界を目指すべきだと思いますが、現実にはアメリカ、ロシア両国こそが全世界の九割以上の核を持っている。日本はアメリカの核がこの地域に展開されていることについて、同盟国だから何も言わないではないですか。また、核実験反対と言いながら、インドが近年それをして核保有国と宣言しているにもかかわらず、日本はＯＤＡをむしろ近年になって大幅に増額し、米印原子力協定を支持する方向に向かっていますね。それがダブルスタンダードです。

ですから問題の両側面に、私は併せて触れる必要があると思います。

上村●その部分はとても大事なところなんです、実はね。さっきもおっしゃいましたけれど、日本は自衛隊を持っているじゃないかと。憲法で武力、軍隊を持たないと言っていて、自衛隊を持っているじゃないかと。おっしゃる通りだと思います。

それからアメリカの核の傘の下に入っている。日米安保条約で守られている、あるいはアメリカに協力してきたじゃないかとおっしゃるのも、事実だと思いますね。

ですから最近日本で、この十年来、いわゆる「普通の国」になるべきなのか、それとも今まで続けてきた日米安保堅持、軽武装、経済優先のままで進んでいくのか、議論が起きているわけです。

普通の国というのはどういうことかというと、憲法を改正して、自衛隊が軍隊であることを認める。集団的自衛権を認めるかどうかという議論もありますね。

最終的に日本がどちらの方向に進むのか、あるいはその中間の道を進むのか、今日本はまさにこれを議論しているところなのです。

普通の国的考えをずっと進めていくとどうなるのか。日米安保でアメリカ軍の基地がたくさん日本の中にあって、アメリカの言いなりになっているのはおかしい、という考えを突き詰めていくとどうなるのか。じゃあ中国に引っ付いていって、中国と同盟を結ぶかというと、それはありえないですね。日本と中国は価値観が全く違いますから、体制そのものが違いますね。

そうすると、どうなるか。米国との安保条約を解消すると、核武装まで含めて防衛体制を作り直すことになるのです。そうすれば、日本は米国、中国と並ぶ第三のパワーになるわけです。

でもそれが果たしていいのかどうか、という問題がありますよね。中国にとってもそれはおそらく、大変な脅威ではないかと思いますね。アジア全体にとっても、どうでしょうか。日本もまたアジア全体の安定について、非常に大事な責任を持っているわけです。ですからそういうことは、多分できないと思うのですね。

じゃあ、今までのような路線、戦後の路線でずっと通せるのか。ずっとまたアメリカの下についていくのか。だけど中国は、これだけ大きな存在になってきた。もう日本と並ぶ存在になってきた。その時に、日本がいつまでもアメリカに引っ付いていていいのか、という議論は当然出てくると思うのですね。

だけど日本は、今のままも困るけれど、あまりに大きく変わるのもどうかと思うわけです。さっきもおっしゃったけれど、まあ確かに日本というのは集団でバーっと走るところがある。非常に集団の組織力が強い、社会の同調圧力が強いところがありますよね。ですから普通の国論でつっ走っていった時に、危ない状況になるかもしれない。そうすると、中間の道をいくという方法もあると思うのですけれど。どういうところに進むかということを考える時に、日本は今までアメリカのことを中心に考えてきた。アメリカとの関係をどうするか、というところで議論をしてきたわけです。

これから議論しなければいけないのは、中国との関係も視野に入れることでしょうね。日本とアメリカと中国の間の関係を考えながら、日本としてどういう国作りを目指していくのかを考える、あるいは議論していかなくてはいけない時期が来たのではないかと思っています。

朱　●日米安保について中国の見方は結構揺れてきたのですね。日本の中では、少なくともつい最近までは、中国は日米同盟を切り離そうとしているのではないかという意見がありました。

去年の八月、中国の戴秉国《たいへいこく》外務省第一次官が、アメリカのゼーリック国務副長官と初めての戦略対話を行った時に、やはりその話が話題になったようです。

ゼーリックさんが日米同盟の必要性を中国側に説明したのに対し、今でも公表されていないのですけれど、戴秉国さんは率直にこう言ったと聞いています。

「我々も内心では、日米安保は存続してほしい。それに取って代わる選択肢を我々は持っていないし、日本が単独で行動したら、どこに行くのかはっきり言ってその方向が見えない」と。

そう言ったことに対し、アメリカ側も同感だと言ったわけですね。私がさっき言った、結局まわりの国が心配しているというのは、日本が本当にどこを目指すのか、それがよくわからない、という点です。日本はもっとはっきりと、自分の向かう方向を自ら示す必要があるのではないかと思います。

二番目におっしゃった、これから日本が必要な課題はアメリカと中国との関係の処理であるということに、これは全く賛成です。ただ現実的に見て、日本はおそらくアメリカや中国と対等な三角関係に移行していく戦略を持っていないでしょうね。予見できる将来、日本は日米同盟を軸足に堅持していくでしょう。日本国民の大半もこれを支持するだろうと思います。

ですから現実的な課題は、日本は日米同盟に依存しながらも、もう少し独自なアジア外交、中国戦略を模索していけるかどうかです。

ここ数年の日本外交は、小泉首相が言ったように、日米同盟があれば日中も日韓もうまくいくとの発想で、単線的な思考に留まっているように感じますね。

もう少しうまく、ドイツや韓国のような国の外交の知恵を見習ってはどうかとつくづく思いますね。すなわち日米同盟を堅持しながら、残りの二割三割の自主性を保ち、独自のアジア外交を展開してもいいのではないか。

現実には日本外交は近年、すべて最初にアメリカ有りきですね。例えば東アジア共同体についても、アメリカが異論を呈した瞬間、日本の対応はすぐ臆病になってしまうわけですね。

したがって、日本が外交大国として評価されるためには、独自なアジア戦略をもつ必要がありますね。それは当面、日米同盟となんら矛盾しなくてもいいですが、重要なのは日本の顔が見える外交をすることです。

日本の世代交代

上村●私個人の意見ですが、一つ極論を言うと、日本は憲法を改正し、日米安保を解消して、核兵器を持つわけです。自衛隊は軍隊ですと宣言するわけです。その上で、日本は絶対に武力を紛争の解決のために使用しない、防衛にだけ専念する、つまり平和憲法の理念を主張して、アメリカの言いなりにならないということを宣言すればいいわけです。武器は持つけど戦争をしないということを世界に誓うわけです。それは大変難しいことですが、それを貫き通す覚悟を決める。そして米国と良き、対等の友人になる。

だけど多分日本人は、そこまで心の準備ができていないのです。おそらくそれを言っても、アジアの人間は受け入れてくれないと思いますね。過去の問題がありますから。

朱●同時に、アメリカから受け入れられるかどうかですよね。

上村●そうですよね。そして中国だって困るでしょう。日本が核兵器を持ったら。だから、そういうことはないと思います。

ただ私個人の見方では、中国はこれから巨大国家になって日本と並ぶ国になっていくでしょう。さっきも言いましたけれど、これから十五年くらいは、中国も非常に不安定な時期なわけです。危ない時期なのですね。

おそらくその後に、民主化が少しずつ進んでいくのでしょうね。だから私はそれまでは過渡期だと思いますから、中国が過渡期の間はやはり日米安保同盟を維持しないといけない、やはり今の形を崩すわけにはいかないと思いますね。

ただしその中で、もう少し柔軟にやってもいい。あるいはもう少し戦略的な発想をしなければいけない、と思います。

だからアメリカの方も、要するに国務省が言っているのは、日本にもう少し戦略的になってほしい。靖国問題も含めて、もう少し戦略的にうまくやってほしいという要望がきているみたいですけれど、私はその通りだと思いますね。確かに小泉さんは、少し硬直した手法を取ったなということは、それは思っています。あるいは、感情的になってしまったと。

もう一つの問題は、日本の政治で言いますと、自民党では安倍晋三官房長官。それから民主党では、前原誠司さん、代表をやめましたけれど。こうした世代、つまり四十代から五十代前半のこの若い世代と、それから宮澤喜一元首相や、亡くなった後藤田正晴元官房長官の世代の間に、相当大きな変化、違いがありますね。

後藤田さんは、日米安保同盟を日米平和友好条約にして、もう少しバランスを取るべきだというような言い方をしていた。軸足は、まず過去の戦争を否定する、過去の戦争を起こしたシステムを否定する、というところにありましたね。

安部さんや前原さんは、これからの日本がどうあるべきか、というところに軸足を置いている。そうしたところで、日本の中で相当大きな意見の違いが出てきているのですね。これから調整していかなくてはいけないと思いますけれど。

日本も、これから十年先二十年先を見据えた、長期的な戦略についての議論が、まだ十分に出来ていないのです。

これは早く、きちんとした議論を始めないといけない。中国の個別の動きに対して感情的な反発をしたりするような、非戦略的な外交とか政策は、少し問題があると思うのですね。

朱 ◉そうですね。中国も日本政治の変化をもっと研究すべきですね。

中国から見れば、日本は年配の世代の中国観と今の若い世代の中国観はかなり違っている。どちらがいい、悪いというのではなくて、いろいろな変化が現実に起きていると、割に冷静に見ています。

年配の方は贖罪意識があり、アジアへの配慮がある。しかし中国から見れば、実はその世代は古い遅れた中国しか脳裏になく、内心どこかに中国蔑視のところがあるのではないかと、見られているのですね。

それに比べ、今の日本の若い世代は、一般的には中国蔑視論を持ってないように思います。ただ逆に、中国の発展の経緯、日中関係の歴史を知らないまま中国が脅威だと考えたり、中国けしからんと簡単に口にします。

新しい世代の日本の政治家、今後の日本社会とどう付き合っていくのか、中国自身も、十分な理解もなく、心の準備もできていないのですね。

今の中国の対日外交手法は、古い世代向けの手法でしょう。若い世代に、どうやって互いに対等な利害を分かち合うような関係が築けるのか、そのあたりを日本に対して提示できていないのです。

日本の若手政治家の多くはアメリカ留学などで、主に欧米の目線を持ってきて中国に当てはめて見るということもあります。そのため、中国の内面、中国の変化を理解しないまま中国に対して発言する。これには確かに心配ですけれど。

田中角栄元首相、大平正芳元首相の世代は、後藤田さんを含めて、「中国の近代化は、究極的には中国の民主化につながる、だから支援する」という長期的な視野を持っていました。

そこが今、変わってきています。台頭する中国に対して警戒・反発はあっても、長期戦略はないのですね。私はやはり新世代の政治家たちに、もう少しはっきりと対中戦略を議論してほしいのですね。

中国の軍事費の透明化を求めること、中国の民主化を求めること、これは日本の戦略の一環として要求していいのじゃないですか。しかし一方、日本は一体将来的に中国と平和友好的にやっていくのかどうか、中国と対等な大国として付き合うのかどうか、日本と仲良くして中国にとってどういうメリットがあるか、そこのところを議論すべきですね。

上村●前原さんが中国脅威論というのを言って、安倍さんも多分、それに近いことを言っています。まあ麻生さんはちょっと上の世代ですけれど。若い世代の中で、中国脅威論が出ているのは事実ですね。これは、ソ連に対しても言わなかったことですね。昔はアメリカは社会主義のソ連を封じ込めるということで、封じ込め政策というのをやってきたわけです。米ソ冷戦時代だったですから。

ただしアメリカは、中国に対しては政策を転換しましたね。中国に対しては封じ込めでなく関与政策を取るようになった。つまり中国と関係をきちんと構築し、経済交流や外交交流を強め、中国がうまく民主化していくように誘導していくというのが、アメリカの基本的なスタンスだと思うのですね。今は、選択的関与政策と言ったりするようですが。

日本もずっと、関与政策を取ってきたわけです。ある意味ではもっと積極的で柔軟だった。天安門事件の時、中国当局が民主化運動を弾圧した時もですね、日本はすぐに閣僚を中国に送って、それからODAも再開して、中国が孤立しないように配慮したわけです。ですから日本の対中アプローチというのは、非常に穏やかなものだったのですね。

ところがさっきも言いましたけれど、政治でも若い世代が出て、しかも反中感情が非常に強まっている。反日デモが起きた、中国の軍事的な展開があった、そういうことも含めて、中国脅威論が出ているわけです。

だけど、私はよく言うのですけれど、アメリカがソ連を封じ込めた時と違うのですよ、もう今は。日本にいますと、私の勤める大学でも中国人留学生はいっぱいいるわけです。中国人の先生もたくさんいる。中国にも、日本人はいっぱいいるのです。

日本と中国の貿易というのは、もう二〇〇五年に二千億ドルを超えたのです。これはものすごい規模ですね。日本にとっては、最大の貿易相手国ですよ、中国は。もう、アメリカを抜いちゃったわけですね。そうすると、封じ込めとかそういうことは、もうできないわけですよ。

脅威かどうか、学者レベルで議論するのはいいのです。マスコミで議論するのもいい。しかし政府レベルで、あるいは政党代表が中国を脅威と認定して、それに見合った政策を取るということは、もうそもそも不可能なんですよ。

中国と日本の経済はこれからさらに深まっていくわけです。そういうものが一方にあって、もう一方では台頭する大国中国とどうつきあうのか、ということもある。二つのことを同時に考える戦略的な発想を、日本は持たないといけないわけです。ただ、それがまだできていない、というのが現状だと思います。

朱　●アメリカと日本の対中アプローチは、入れ替わっていますね。冷戦終結後の一時期、アメリカは、ソ連を見たような目で中国を捉えていました。そのとき日本はもう少し余裕と冷静さをもって、中国の内実に対して一定の理解があり、柔軟なアプローチをしていた。

言いたいのは、ここ数年日米の対中アプローチが逆転しているのではないか、ということです。アメリカは去年から、中国はいっぱい問題を抱えているが、それについては引き続きクレームをつけていく一方、全般的には中国を脅威と見なさず、「国際社会のステークホルダー」、利害共有者であると位置づけしました。最近、強硬派のラムズフェルド国防長官も同じ表現を中国に対して使うようになりました。

振り返ってみれば日本の方が、かつての国交樹立（一九七二年）の時はまさにそうだったのですね。互いの体制の違いを乗り越えていこう、というのが当時の両国首脳ないし両国民が友好を誓う出発点だったじゃないですか。

それがいまは逆に、日本の首脳が「中国は脅威である」とか、「中国と価値観が違う」とか言っている。要するに、かつてのような、中国を抱擁する気持ちも戦略もなくなって、中国との違いばかりを強調しているのですね。

価値観の違いの話について、簡単にコメントしたいと思います。

そもそも、日本と中国の間では根本的な価値観の違いというのは、存在していないと思うのです。上村さんが一番ご存知のように、中国社会の最近の変化を見ていると、再び毛沢東時代の共産主義体制に戻る可能性はないでしょう。中間層の拡大、国民意識の変化を重ねていけば、国政レベルの民主化も避けて通れない、これはむしろ中国国内の大半のオピニオンリーダーの見方です。もちろん、中国は経済と政治の改革で全て順調に進むとは思っていない。混乱、紆余曲折の可能性は常に念頭に置く必要はあります。

市場経済という点では日本との間にもはや価値化の相違は存在しません。人権問題では今の中国について決してよいとの評価を下せませんが、二十年前、十年前に比べ、改善されているのか、後退しているのか、変化していないのか、その趨勢を見るべきです。しかも中国指導者も、その改善を真剣に考え始めたのですね。二年前から胡錦濤主席は「全人類的価値観」を語るようになり、この四月に訪米した時も「民主化なしでは真の現代化もない」と発言しています。中国がいま目指している「調和社会」は日本社会から多くの経験を学ぶことを含めています。その意味で、価値観の根本的な違いは存在しません。

あるとしたら、一つは発展段階の違いです。多くの点では中国はまだまだ合格とは言いませんが、確実に進展中です。戦後の日本、韓国、台湾がたどってきた変容の道を中国も歩んでいます。前にも触れましたが、価値観の話では、民主化を唯一の物差しとすること自体、間違っています。中国が目指しているのはただ民主化の格好を呈するラテンアメリカやアフリカ、ないしインドのようなものではありません。経済発展、国民生活の向上、法治、平等に分配するシステムといった柱を堅実に打ち立てた上での真の民主化です。

もう一つ、日本と中国はみな東アジアの国として、勤勉、教育重視、協調的、自然と共存など共通した文化を持っている側面を忘れてはなりません。最近の日本はこのような東洋の共通点に触れずに、もっぱら中国との違いを強調しています。それはやはり自信を失いつつあるという事情が背後にあるのでしょう。

そこのところを、どうなのかというところを聞きたいのですが。

分裂する米国の対中観

上村●（笑）まず、アメリカの対中観に触れられましたよね。つまりステークホルダー、国務省のゼーリック副長官が、中国とアメリカはステークホルダー、利害共有者であるべきだと言いました。ライス国務長官も言っていますね。

ただしラムズフェルド国防長官なんかは、つまり国防総省は、どちらかというと脅威論に近いですね。脅威論とまではいかないけれど、中国はこれから脅威になるかどうかの微妙な位置にいるという風に言って、国務省と見方が若干ずれていますね。

つまりアメリカの国内で、中国に対するアプローチの仕方が、見方が、分裂しているのです。

一つは国務省とかリベラルな人たちの、つまり中国とは利害共有者である、だからこれまでどおり関与政策を続けて、中国が安定した民主的な社会に移行していけるように、うまく誘導していこうという人たち。

もう一つは、自分たちの国家には理想があるのだ、という人たち。自分たちには、国家を作った理念がある。それは何かというと、民主、自由であると。だから中東に民主、自由をもたらそうという人たちがいて、そういった人たちにとっては、中国や北朝鮮の社会主義というのは、やはりある種の警戒すべき対象となっていると思うのですね。

そのどちらが主流なのか。今は国務省の現実主義的な考えが強いと思いますけれど、アメリカというのは常に分裂して、その分裂を乗り越えようとしてきたわけです。ですからこれから十年、二十年先を見ても、それは解消されないと思うのです。

アメリカの民主党でも、民主主義のためなら武力を行使してもいい、外国に軍隊を出してもいいという意見が主流なわけですね。

だから、もちろん9・11同時多発テロが起きてから、アメリカ国民全体が若干心のバランスを崩していて、むしろそういった強い面が出ているというのはあります。

最近それがイラクでうまくいかなくなって、また現実主義的なライスさんのような発想に戻ってきているのは分かるのだけれど。長い目で見たら、私はまたこの二つのスタンスの間で揺れ動くと思うのですね。

だから私は、朱先生がおっしゃったように、アメリカの態度が日本よりソフトだとか、中国により理解を示しているというのは、必ずしもいえないと思うのです。最近はともかく、長い目で見たら、分からない。

つけ加えると、日本の戦略がはっきりしないとおっしゃるけど、中国だってよくわからないのです。何度も言いましたが、富国（経済大国）だけを望むのか、強兵（軍事大国）を目指すのかわからない。胡錦濤主席は「平和的発展」とおっしゃっているようで、戦略と言うより、国家目標として「豊かになりたい」と考えておられるのはよくわかる。

しかし、その一方で「反国家分裂法」を採択する。台湾が独立を宣言したら武力行使してもよいという、そういう無茶苦茶な法律を通してしまう。

あるいは、軍の幹部が公然と核戦争への決意を表明する。そうすると、戦略はあるのかもしれないけれど、胡錦濤指導部がいつころぶかわからない、その次にどんな指導部が出てくるのか、外には全然見えない。中国の場合、戦略はあるかもしれないけど、それが表に見えない部分で変わるのではないかという不安が残るのです。

それで一番大事なところですが、朱先生は、日本人と中国人は同じ東洋人であって、立場の違いはそんなにないとおっしゃいました。しかし私はやはり、日本人と中国人は外国人同士だということを認め合って付き合った方がいいのではないかと思うのです。

むしろ、同じアジア人なのにどうしてこういう違う反応をするのですか、と感情的になる人が双方の国に多い。顔が似ているからとか、同じ東洋人だという理由でなんとなくわかったような気になってしまい、きちんと話を詰めないから、非常に深刻な誤解が生じてしまうケースがあると思います。

先に触れましたけど、七〇年代、八〇年代の日本人は、中国が好きだったのですよ。世論調査でいうと、七割の日本人が中国を好きだと言っていたのです。八割近い人がそう答えた時期もあった。でもその頃の日本人は、ほとんどの人が中国に行ったことがなかったのです。行ったことがないのに、中国が好きだったというのは、はっきりいうと幻想です。

同じアジアの人間だから、分かり合えると思っていたのです。日本の場合はそれに加えて、中国を美化していたわけです。それは日本の当時の報道にも問題があったのでしょう。友好、友好の時代でしたから。

だけどやはり、国が違うということは大きいことなのですよ。だからその後、日本と中国の交流が深まるにつれて、日本人の対中感情が冷めてきた。そりゃ人間だから、合う部分も合わない部分も、好きになれる部分も嫌な部分もありますよ。ある意味ではやっと日本も、冷静に客観的に相手を見るようになってきたわけです。

……いや、最近の日本の反中感情は、ちょっとバランスを欠いていますね。ここを乗り越えて、もう少し、冷静に客観的になるべきかもしれない。

いずれにせよ、過去の戦争もですね、中国と同文同種だとか、同じ東洋人だとか、科学的でもなんでもないあいまいな発想で、いわばある種の気分で日本人は中国に出かけていったのです。そして、中国の人の考えることを本当には理解できなかった。だから、あんな戦争をしてしまったわけです。

そのあたりからもう一度考え直さないと、おかしなことになってしまう。ただ東洋人だから分かりあえるなんて曖昧なことをいっていたら、中国の人が歴史問題でガンと言ってきた時、あるいは、例えば反日デモで謝罪しなかったといった時に、日本は「なぜだ」と感情的になってしまうわけですよ。だけど、いや中国の人も外国人で、彼らには彼らの論理があるのだ、私たちとは違う発想があるのだ、あるいはアメリカ人やインド人と同じ、違う人たちなんだと考えたら、ワンクッションおいて少し客観的になれるところがあると思うのですね。

それをやらないと、日本人の場合は特に外国人との付き合いで、島国ですから外国人との交渉について、非常にナイーブというか、幼いところがあると思うのですね。中国のように、国内に五十五も少数民族がいて、陸続きの国境で周辺国と付き合ってきた国じゃない、そういう民族じゃないのです。日本も戦前、同じ一つのアジアだ、大東亜共栄圏だとか言っていましたよね、そして今も同じアジア人じゃないかという発想がありますけれどね。私はそろそろ日本人もそれを卒業して、同じアジアだけれどやはり外国人であるというところを、一回認めないといけないのではないかと思う。

朱 ●日本と中国は基本的な価値観が違う、イデオロギー的に中国は究極的には違う体制である、とうてい一緒になれないという観点は、表面的で問題の本質を捉えていないと私は言っているのです。

しかし一方、最後に触れられた話、双方の相違もしっかりと認識してその上で初めて真の相互理解と友好がある、という点には全く賛成です。そこにちょっと付け加えさせていただきますけれど、中国との付き合いは、日本と同じだという先入観から出発することが誤解を広げる元だと思います。

そういった意味で整理すれば、日中はどこが違うのかと考えてみましょう。私は双方の思考様式には、誤解を招きやすい三つの先入観があると思います。

一番目は経済発展の段階の違いです。日本はすでに先進国ですが、中国は発展しているとはいえ、典型的な途上国です。すでに途上国の段階を卒業した今の日本の物差しを、今の変化途中の中国に当てはめて見ても、正確な判断は難しいでしょう。やはり中国の現実、その発展の流れを踏まえて語らなければならないのです。

二番目に、近代以来の対外体験の違いがあります。中国にとっての第二次世界大戦とはすべて日本からの侵略との戦いでした。だから、第二次大戦イコール日本の対中侵略との視点で、あの戦争においては全て日本が悪い、というような捉え方になりやすいのですね。だって、そのような体験しかないのですから。

しかし一方日本は、日清戦争に勝った後、すでに視野を世界に広げていたのですね。列強との争いが外交の中心になっていました。実際、第二次世界大戦といえば、大半の日本人はアメリカとの太平洋戦争、広島の原爆、東京大空襲、ソ連赤軍の攻撃などを思い出すでしょう。

ですから日本と中国は、同じ大戦を見る場合でも、出発点が違うのですね。中国は第二次大戦イコール日中戦争と見てしまいます。また中国にとって、自分は完全な被害者であると思っています。一方の日本にとっては、あの戦争は中国以外、アメリカとの戦いがむしろ中心的な部分をなすのですね。そして加害者の部分もあれば、被害者の部分もある。

そのような歴史体験の違いが分かれば、中国にとっては、日本の大半の政治家、一部の右寄りの政治家でも中国で悪いことをしたと認めていること、「自衛戦争」云々の話は主にアメリカに向けられていること、そのあたりを知ることができるでしょう。

他方、日本は、完全な被害者意識をもつ中国や韓国の国民感情に、もっと配慮する必要があります。歴史問題での中国の敏感な反応を簡単に日本への歴史カードと片付けないで、侵略戦争と植民地支配の傷跡はまだまだ中国人や韓国人の心に深く残っていること、従軍慰安婦問題や強制連行問題をめぐる訴訟はまだ進行中であること、旧日本軍が遺棄した毒ガス弾、化学兵器は今だに処理されず、時々発見され、そのたびに緊急疎開を行い、死傷者が出ています。日本人も広島の原爆記念日に今でも毎年、首相の参加で大規模な記念行事を行っているのですね。人間は誰でも被害を受けた一面について忘れがたい、との相互理解が必要です。

三番目には、先ほどおっしゃった島国の話ですけれど。私も文化論は好きで、最近は特にこの角度から日中間のずれを見ています。大陸民族と海洋民族の違い、やはり大きいですね。同じ問題を見る上でもね、大陸民族は楽観主義で、大らかですね。しかしこのような中国人について日本人から見ればいいかげん、約束を守らない、朝令暮改に映りますね。

日本人はというと、問題への対処にあたって最初から悲観論で入りますね。「もう大変、大丈夫か」という悲鳴が先に聞こえます。心配が先に行くのですね（笑）。

それに対して中国から見れば、日本人は過剰反応しやすい、融通が利かない、なぜもうちょっと冷静な議論、合理主義的な考えができないのかと首をかしげますね。

上村●そのあたりは、アメリカ人と中国人は似ていますよね。そういうおおざっぱさは。

朱●そうですよね。

その意味で、日中の最近の喧嘩は全て悪いものではありません。お互いに、自分の先入観をぶつけ合って、相手を知る一つのきっかけになったと思います。真の相互理解はここから始まります。中国語の諺には「けんかしなければ本当の友人になれない」というのがありますね。

東シナ海危機

上村●そうですね。そうした話を踏まえてですね、私なりの提案といいますか、意見を述べたいと思います。それは何かというと、日本と中国の間で共通の目標を持つことですね。それは、経済に関して言うなら、お互いの繁栄を目指そうということ。そして安全保障に関して言うなら、戦争をしないということとです。

日本と中国はこの地域の安定に対して非常に重要な責任を負っているわけです。ところが日本はずっと日米安保の傘の下に入っていて、あまりそういった問題を、国民的な課題として考えてこなかったのですね。どうしても国内の問題が中心になってきた。やはり日本はアジア全体、あるいは世界の変動について、もう少し敏感になって、戦略的にそれを考えなければいけない。

一方、日本と中国を比べると、過去に日本が強大で中国は途上国だったのですけれど、中国は途上国のまま日本と並ぶ存在になっていく。しかも核兵器を持っている。国連安保理に入っていて、拒否権を持つ常任理事国である。

中国はいずれアジアのリーダーに、盟主になっていくのでしょうね。今でもすでにもう、おそらく、アメリカのメディアなどを見ても、中国の存在感の方が圧倒的に大きいわけです。日本の記事なんて、アニメなどのサブカルチャーか、一部の巨大企業の動き、政治はせいぜい小泉さんぐらいですね。

そうやって中国が巨大化している一方で、国内にかなり大きな不安定要因を抱えている。不透明な部分がある。そして民主化に至るまでの十数年、民主化が本格化するまでの十数年になるかもしれませんが、その間非常に不安定である。どういう国家を目指すのかについて、おそらく中国内部でいろんな議論が出てくると思います。

そういった過渡期には、力関係が変化したり、不安定になったりしていく危険があります。しかも中国の中には日本の軍国主義を警戒する声が強い。日本の中にも、中国に脅威を感じる人がいる。

そうしますと、この過渡期の十数年の間に一番まず大事なことは、日本と中国が戦争しないことですね。

そんなことするわけないじゃないかと我々は思うし、中国の人も思ってはいないでしょうけれど。でも現実に、中国の船がいっぱい東シナ海に出ていて、日本の船も出ている。軍艦も出ているわけですね。些細なことで衝突事故が起きる可能性がある。

その時に、それを拡大させない措置をとる必要があるわけですね。絶対に拡大させない、ということを共通の認識としてまずもたなければならない、日本と中国は。

仮に中国の軍艦が、東シナ海のガス田のところにいる。日本は、帝国石油があそこに採掘権をとりましたから、出て行くかもしれませんが、しばらく見合わせるかもしれない。かりに出て行った場合に、海上自衛隊などが警備に行くかもしれない。

そうすると、そういったところに軍艦同士が出てくると、やはり緊張状態が生じるかもしれない。

何があるか、分からないわけですね。これからは。そういったことが起きる可能性がある。起きた時にそれを発展させないための枠を、きちっと作る必要があると思いますね。

そのためにまず、指導者同士がきちっとした意思疎通のチャンネルを持たなければいけないと思います。

例えがちょっと大きくなりますけれど、キューバ危機というのがありましたね、昔。つまりキューバにソ連が核兵器を持ち込んで、あわやアメリカと全面核戦争になるのではないかという、大変深刻な事態があったわけです。

その時に、ケネディとフルシチョフの間で意思疎通が図られて、その核戦争は回避された。

もちろん、中国と日本の間にそういうことが起きるとは思いませんけれど、何かそういう衝突もしくはトラブル、アクシデントが起きた時に、それを大きくしないための意思疎通のパイプを作る必要があるし、目標をきちっと設定しないといけないでしょう。

目標はつまり、戦争を起こさない。戦争につながるようなアクシデントを防ぐという共通の課題を持って、そのパイプやシステムを作らないといけないと思うのですね。

ですから今靖国問題で、胡錦濤さんが首脳往来を停止していますけれど、私はそういう靖国問題のような問題が起きても、首脳往来はもう停止しないということを、中国側からやはり出すべきだと思いますね。

そしてやはり、定期的に首脳が相手と直接対話していけるようなシステムを、早急に回復する必要があると思います。

朱 ●東シナ海のガス田をめぐる問題で、日中間で駆け引き、国民同士のナショナリズムのぶつかり合いはありますが、基本的には上村さんと同じ見解で、軍事衝突はないと思うのです。また絶対、あってはならないのです。そのためには相互に危機管理体制を作るのが重要ですね。

カナダに住む中国人の軍事問題研究者で平可夫《ピンコフ》という人がいますが、彼も、日中間で安全保障問題の意思疎通をもっと行うべきだと言っています。かつての米ソもやったように日中間で互いの行動を誤認するのを避けるための行動ルールを早急に作るべきです。

今の日中で何が本当に問題なのか。第一に、互いに猜疑心があることです。互いに相手が軍事拡張をしようとしているのではないか、と考えている。そのような可能性は実際はありえないと私は信じていますが、外務大臣すら「中国は脅威」と軽く口にするようでは、相互の猜疑心が一段と増幅され、もっと悪い方向に解釈されてしまう可能性があります。

第二に、相互不信の状況を、少数であっても、両国国内の、強硬派に利用され、思わぬ方向に局面がいってしまう危険性を防ぐべきです。石原慎太郎東京都知事がかつてこう言ったのですね。

「日本は戦後、背骨をアメリカに抜かれた。だから北朝鮮に一発ミサイルを撃ってほしい。北朝鮮のミサイルが日本に届いた瞬間、日本はガラリと変わる」と。

そういうふうに、緊張を軍備拡張のきっかけとして利用する発想は極めて危険だと言わざるを得ません。中国の中でも正直に言ってこういう発想をもつ人がいます。ネットでは「日中必有一戦」（日中間で必ず戦争になる）と煽る過激な若者が発言しています。

ただ、日中両国の政府、政治家レベルでは日中間のこれ以上の緊張を望んでいないし、東シナ海で一戦を交えることを考えていないと思います。胡錦濤指導部は、国内問題の処理に忙殺されていますし、中国の経済と社会発展は微妙な均衡の上に成り立っているわけで、外部との緊張を絶対に避けなくてはならない、という点を明確に抑えていると思います。

では、ホットスポットになっている東シナ海の紛争をどうすればよいのでしょうか。私はまず第一に、大局的にこの問題を捉える必要があると思います。なんと言っても、日中の今の経済交流など共通利益の方が、東シナ海の紛争より遥かに大きいということを認識する必要があるでしょう。東シナ海で大喧嘩しては、日中のどちら側も大損をします。また、七〇年代末に尖閣諸島（中国名釣魚島）の領有権問題をめぐって、その紛争を棚上げにして、日中関係をここまで大きくしてきたのです。

それは日中の知恵であり、成功であると思います。日露は、常に北方領土という問題があって話が入り口で頓挫し、長期にわたって関係を前進させられない。そういう意味では、日中はうまくやってきた方です。今後も、大局に立って冷静に東シナ海の紛争を考えるべきでしょう。

ただ現時点では、双方のナショナリズムが台頭する中で、相手の立場と本音を理解しないまま、感情的になっている部分があると思うのです。

中国側としては、資源小国の日本、また何でも心配事から出発する日本が、自分の資源が吸い取られはしないかと懸念していることを理解すべきです。そしてデータをもっと開示し、ガス田の開発などについて日本側にもっと丁寧に説明する必要はあります。

一方、日本側の反応と対応にも問題が多いと感じています。第一、いま日本では問題そのものを「東シナ海のガス田問題」と呼んでいますが、中国から見れば、なぜガス田が問題でなければならないのかと反発したい気持ちになります。

そもそも二〇〇〇年ごろに日中漁業協定を結んだ上で、そのときの暗黙の了解として、日本が主張する中間線と、中国が主張する大陸棚の延長、その間が係争地域と考えられてきたのですね。いつの間にか、日本側が主張する中間線の外にあるガス田の問題が、あたかも紛争の焦点になっているような捉え方になっていますが、中国側から見れば、これも日本の中で何かの意図を持って誘導されている感じがします。

ストロー理論はありえない

朱●そもそも日本の中の議論は、素人談義が多いですね。たとえばストロー理論。一般国民が日本の資源が吸い取られるのではないかと心配する気持ちは分かりますが、日本の石油専門家の中で、中国の春暁ガス田の開発によって、はるか向かい側の地下資源が吸い取られるということを科学的に説明しようという人、そう名乗る人は一人もいませんね。マスコミの一人歩きです。

逆に、ある日本人専門家は沈黙を破って、日本政府の主張に異議を提起したのですね。元政府系石油資源開発の取締役猪間明俊さんが去年、「そもそも二つの石油会社が境界線をめぐって争う場合、地下が繋っているかどうかと関係なく、日本の国内法では百メートル離れれば文句は言えないことになっており、国際法にそういう規定がないので、国内法が適用されることになっている」と書きました。しかしその説に対して、「売国奴だ」との罵声を浴びせられており、中川昭一前経済産業相は答えようとせず、マスコミも黙殺していると、本人はブログで書いています。

それから日本のマスコミの報道はどういうわけか、数字まで画一的に、統率が取れたような表現を使っていますね。普段はよくケンカする全国紙の各紙とも、二年前は、春暁は日本が主張する中間線から三キロから五キロ離れていると書いていました。全ての新聞がそうでした。去年あたりから、千メートルから千五百メートル離れているとの書き方になった。ところが、今年三月以降の報道をもう一度見てください。ほとんど、「中間線付近」という曖昧な表現か、「中間線をまたがっている」という表現を使っていますね。

このような報道は、独自の取材が不足しているだけでなく、どこかからのブリーフィングをそのまま使っているとしか思えませんね。

東シナ海の紛争について中国と交渉していくためにも、妥協を図るためにも、少なくとも中国が何を主張し、何を意図しているかを正確にキャッチする必要があるでしょう。僕の調査とインタビューで、今年三月に中国側が出した共同開発案について、いくつかの新味があることを感じています。

これまで、日本は中間線を主張し、中国は大陸棚の延長を主張するので、双方の主張はあまりにもかけ離れているのでまとまりようがなかったのですが、中国側は今回、発想を変えて、二つの点に絞って共同開発を提案したわけです。当初、日本側は中国の提案を見向きもせずに拒否したのですが、最近になって、麻生外相は中国側の提案についてもう少し詳しく説明を聞かせてもらおう、二ヵ所の提案対象のうち、北側に位置する一ヵ所について検討しても良いと発言しています。

中国側が提案した共同開発の対象となる二ヵ所のうち、北側の一ヵ所は双方の係争海域の中間線寄りのところに位置しています。中国側は自分が主張する大陸棚の延長の全てを要求しているのではない、双方の主張の間で妥協点を模索しているのだというメッセージでもあるでしょう。

ついでに言いますが、その更なる北側では、日本は韓国との間の海域については、中間線と大陸棚の延長の間を、両国の共同探査の海域に設定し、実際、何度も共同探査を行ってきました。しかし中国に対しては中間線にこだわるだけでなく、その外側にある春暁ガス田などを問題にしている。中国側はそこから日本政府の立場が前より攻撃的になっていると判断しているわけです。

もう一ヵ所の共同開発提案対象は尖閣諸島海域にあるわけですね。日本側はこの海域では中間線を主張しながら、係争地の尖閣を基点にして東シナ海の三分の二の所有を主張しているのです。日本国内では「我々は中間線しか主張していないのに」といって、中国の「拡張」に押されているイメージが作られていますが、中国側は逆に、日本は尖閣という係争地を排他的経済水域（ＥＥＺ）主張の起点とし、さらに中間線についての一方的な主張をしていることで、日本を拡張主義だと批判しています。特に日本は韓国に対しては竹島（独島）を基点とするＥＥＺの主張がおかしいと批判している一方で、中国に対しては尖閣をＥＥＺの基点と主張している。このため、まったくのダブルスタンダードだと見られています。

実際にここ二十年、国際海洋法は、大陸国家と海洋国家の間でバランスを図る方向で運用されています。日本は点在する沖縄諸島を基点に、太平洋側に二百カイリの排他的経済水域を引けるが、同時に中国のような大陸国家との間では、中間線による区分を主張しています。同じ大陸棚に位置しているなら、中間線による区分は仕方がないが、琉球トラフは二千九百メートル以上の深さがあり、中国大陸からの大陸棚の典型的な延長となっています。

そこで今回、中国側は特に尖閣周辺の海域について意味深長な共同開発海域を提案しています。日本外務省が言ったように、その提案海域は尖閣諸島の十二カイリの中には入っていない。つまり中国側のメッセージとして、尖閣諸島の所属に関しては、鄧小平さんが二十六年前に提案した棚上げ路線を変えない、ということですね。

一方、日本が韓国に対して、竹島ではなく、従来の鬱陵島（ウルルン島）をＥＥＺの基点にするよう要求しているのと同じように、中国側は、沖縄諸島と中国大陸の間で、正確に言えば、中国側は大陸棚の延長を主張するが、日本側には石垣、宮古島一線を基点に中間線を主張してもらって、その間で妥協点を模索しよう、とのメッセージを送っていると思います。

これから駆け引きはまだ長い道のりがあると思いますし、両国のナショナリズムが存在する中で最終合意も難しいのではないかと私はやや悲観的に見ていますが、少なくとも中国側は拡張主義に入っていないこと、日中間で歩み寄りを図ろうとしていること、そのような本音をキャッチすべきですね。

長期的には、両国とも、東シナ海の紛争をめぐってそれぞれ国内のナショナリズムの火に油を注がないこと、偶発事件による衝突の防止に取り組むこと、究極的には、二国間関係の大局を考えて、どうしても紛争を解決できない場合は、紛争を棚上げにするか、国連海事裁判所に仲裁を求めることで妥協を図る必要があると思います。日中ともアジアの大国として、国際ルールを守って紛争を解決する姿勢を世界に示すべきでしょう。

上村●私は東シナ海の問題が、衝突の可能性の全てだと言っているのではないのですよ。東シナ海の問題というのはあくまでも一つであって、反日デモだって衝突のきっかけになると思うのですよ。

東シナ海の問題とか尖閣問題は、領土とかエネルギーの問題ですから、これは国益のかかっている問題ですから、日本には日本の主張があって、中国には中国の主張があるわけです。

ですから別にここでどちらが正しいか議論しても、意味がないわけですよ。どちらもその国の論理に基づいて主張しているのですから、どちらの国にとっても自国の主張が正しいわけです。それはもう、私たちとしては交渉の行方を見守るしかない。ただ東シナ海の周りには軍艦が出ているから、危険だということはありますよね。

もちろん反日デモだって、日本人が例えば殺されでもしたら、衝突するとまではいいませんが、非常に危機的な状況になりますね。

だから私は東シナ海だけではなくて、要するにこれから十数年の間、日本と中国の間で何が起きるか分からないと言っているのです。その時に摩擦が拡大したりおかしな方向に行かないように、常に幾重にも安全な装置を作っておく必要があるということが、一つ言いたかったのです。

それともう一つは、中国の人が、だから東シナ海で中国はこういうメッセージを言っているということをもっと理解すべきだという風におっしゃるけれど。

やはりここも一つ、これは大事な問題だと思うのですが、大変深刻な問題は、日本人の普段考えていること、日本政府の意見や国民の意見が、正確に中国に伝わっていないわけです。そういう意識が共有されていないのですね。

しかも日本人も、中国のいうことが、全然理解できないわけです。どうしてかというと、中国の新聞を見ても共産党の発表しかない、指導者がこう演説しましたというような話しかない。インターネットを見たら、もうむちゃくちゃな反日言動しかない。

だから、両国でナショナリズムが強くなっているわけですね。これは別に中国と日本だけではないのですよ。冷戦が終わって、どこの国もイデオロギー対立というのが国内でおさまったら、やはり民族主義の問題が出てきた。グローバル化が進む中で、ナショナリズムが目立っている。アメリカでもそうだし、中東でもそうだし、フランスだって移民やイスラム教徒の人たちが暴れたりした。もういろんな形で民族主義が噴き出しているわけですね。

だからそういう時代に入っている中で、お互いがナショナリズムのフィルターを通さないで相手の国のメッセージを受取る、あるいは相手にメッセージを発信するというのが大事なわけですよ。

ただ残念ながら中国は、映画の作品についても検閲をしたり、あるいはメディアを管理しているわけですから。日本と中国にはアンバランスのところがありますね、システムにアンバランスな部分があって、これは非常に大きな障壁になっていると思うのですね。

これから十数年の危機的な時期に、この課題にどう取り組むか、という問題もあるのです。

朱●韓国は最近、日本の文化に対して少しずつ開放していますが、しかし現実的に韓国に入った日本の映画、芝居と、中国に入っているもの、そのどちらが多いですか。圧倒的に中国の方が開放的でしょう。ですから何でも「中国の政治が悪い」ことに話を持っていっても、問題の本質の理解にならないと思います。

他方、もっと民間の文化交流をやるべきだとのお考えには賛成です。

他の面でも共通利益を拡大していくべきだと前から主張しています。たとえば対立の火種になりそうなエネルギー分野こそ、私は逆の発想で、もっと交流と共存関係を強化していくべきであり、その可能性も決して小さくはないと考えています。

日本と中国、また韓国を含めていずれもエネルギーの輸入大国であるわけですね。三カ国とも、中東から石油を買う時に、他の地域の国が買うより多く払っているのです。「アジアプレミアム」という形で払っているのですね。最近になって、日中韓が協力して、一緒に中東産油国に対して交渉を始めています。これは意義ある協力の第一歩ですね。

ＥＵは最初、ヨーロッパ鉄鋼連盟という形で石炭供給、鉄鋼生産の協力から始まったのです。当時の産業の血液だった石炭はまさに今日の石油ですね。わたしたち東アジアも、このエネルギー分野から共同体の基礎を作れないかと、二年前に週刊ダイヤモンドで提案しています。

すなわちエネルギー関係の幅広い分野で、相互に担保しあう形で、協力の可能性を模索することです。一つは第三国油田での共同開発。二番目は例えばシベリアから共同で石油パイプラインを敷設すること。今は結局は日中両国ともロシアなどの第三国に「漁夫の利」を取られていますね。

シベリアからパイプラインを敷く場合、中国東北部を通って太平洋沿岸まで来るのは一番合理的なルートです。しかしこれだけを日中で協力すると、中国にとって有利で、いつか石油供給の蛇口を止められかねないとの懸念の声が出るでしょう。それに対する担保として、東アジア三カ国の石油の共同備蓄は、五島列島あたりで日本でやるということを考えてはどうかと提案したいのです。

さらに、中国のエネルギー効率が悪いなら、省エネ分野で主に日本が中国を支援する形で協力を行う。そして新エネルギーの共同開発もやるべきだ、というバスケット方式の協力を提案したのです。エネルギー分野の協力拡大を媒体にして、さらに東アジア各国の協力分野を広げていけば、アジアの未来にも希望が持てるようになるでしょう。

ODAは「卒業」か「進学」か

朱　日本の対中ODAは、二〇〇八年までには終わるという話になっています。この問題を、もう一度、互いに本当に原点に戻って考えるべきではないかな、と考えています。

ODAをどのように発展的に解消させていくのか。ただ卒業です、さよならではなくて、進学させていくという発想も必要なのではないか。この点についても、ちょっと話をしたいのです。

日本は七〇年代末の大平正芳首相の時代に中国に対するODAを開始したわけです。大平首相は、「中国は日本に対して賠償を放棄した、多くの日本人が感銘を受けている。我々も、中国の近代化が実現するまで資金協力をさせていただく」と中国側指導者に話し、むしろ日本側の提案の形で対中資金援助を始めたのですね。

日本側は中国の賠償請求の放棄に感謝の意を込めて、他方、中国側は日本のODA供与に素直に感謝し、スタートした時点で両国の間で東洋的な美学が示されたのですね。

実際に対中ODAは八〇年代は主に中国沿海部のインフラ整備に使われ、九〇年代以降は内陸部の環境対策と貧困解消に使われ、資金が欠乏していた当時の中国にとって非常にありがたい資金供与だったのです。問題は九〇年代半ば頃から、日本は中国の核実験に抗議して、ODA凍結という制裁をしたことでこじれ始めたのですね。中国から見れば、我々は巨額な賠償請求すら放棄しているのに、日本はODAを対中制裁のカードに使うのは何事か、と反発したわけです。

そして「中国は対中ODAにお礼を言わない」とかの議論が日本国内で出てきて、七〇年代の両国首脳が始めたこの東洋的美談は非難しあう対象になっていきました。そもそも対中ODAの九五%が円借款であって、長期低金利なので中国にとってありがたいものですが、だからといって金を貸したからお礼を言え、との議論はおかしいのです。

中国指導者は本当にお礼を言っていないかと言うと、これも事実ではありません。江沢民主席が訪日の際に交わした日中共同宣言で、国家主席としてODAへの感謝を明記していますし、二〇〇〇年には朱鎔基首相が主催するODA対中供与二十周年記念大会も北京で開かれたのです。

そのようないきさつはさておき、では今後どうするかを考える時期に来たのですね。一方的な対中支援は、おそらくこれで終わってよいと思います。もちろん現実的には中国はまだ一人当たり平均の国民所得では典型的な発展途上国で、話題になっている黄砂飛来の問題や、酸性雨の問題なども抱えており、今後もこのような国境を超える問題に対しては、日本がなんらかの形でサポートしていくことが期待されているでしょう。

今後は特に二国間ベースではなく、国境を超えた多国間にまたがる問題について日中間は共同で資金を出し合い、協力していくべきではないか。たとえば黄砂飛来の話ですが、最近の日中共同調査で、六割以上はモンゴル高原から、すなわち中国以外のところから、主にシベリア寒流の南下の影響を受けて激化しているという仕組みが明らかになりました。ほかにも、国境を超えた、地域全体の共通問題、課題に共同で取組むべき分野が多々あると思います。

日本の対中資金協力は歴史的に見て、中国の発展に繋がり、日本企業の対中進出にもプラスで、中国国民の対日感情の改善にも一定の影響があったと思います。時間が経つに連れてそのような評価はむしろ上がっていくと思います。問題は日本側も、ただ対中カードとして考えているのではなく、また長期的な影響、効果を考えるべきですね。

上村●ODAについては、九五年に中国が核実験をして、無償援助を一時凍結しました。それに対して、当時首相だった李鵬《りほう》氏が、ODAは戦争賠償の代わりじゃなかったのかというようなニュアンスのことを言って、それで日本をまた怒らせたわけですよ。

それは紳士協定ではないけれど、そんなことは言ってこなかったわけでしょう。しかも、ODAそのものを止めたのではなく、ほんの一部の無償援助の一時凍結だった。だから中国だって、初めからカードだと考えていたんじゃないかということになった。そのときにもう、両国の国民感情がぐちゃぐちゃになったでしょう。

核実験について言うと、あの時は国際社会がNPT（核不拡散条約）の無期限延長を決めて、これからもう核を減らしていくという方向で進めましょうという時に、中国が何回も核実験をやったわけです。それは被爆国の国民は怒りますよ。日本としてはやはり、何らかの抗議をせざるを得ない、という事情があったわけです。

ただ確かに、結局ODAをカードにしてしまったという問題はあります。それで九八年に江沢民国家主席が来日した時に、小渕恵三首相がODAの更新を五年ごとだったのを、二〇〇一年度からは一年ごとに切り換えていくことにした。その頃から、もう完全に戦略的なカードになっているわけです。

ただもう、日本人の感情から言いますと、宇宙ロケット、有人宇宙船を打ち上げたり、経済の総体は大きくなっているのだから、そろそろ中国は自分の国の環境対策も含めて、責任ある国家になってもらわなければ困る、という感情があるのは事実だと思うのですね。

確かに中国の農村部は貧しいし、中央から地方に予算がおりていないというのは分かるのだけれど。でもそれは、中国の政策の問題なのですよね。どうして中央政府が、そういったところにきちんと財政的な措置、手当てをしないのか、なかなか普通の日本人には理解できないと思うのですよ。

朱●おっしゃることは充分に分かるし、実は中国国内の全般的な雰囲気も、日本ＯＤＡの受け入れを卒業する時期にきたという考えなのです。

中国はもちろん、今後も外部からの資金援助を内心は欲しいのです。ドイツの対中ＯＤＡは近年、一挙に、数倍に増えましたね。環境問題、貧困解消など政府の手が回らない部分はまだありますね。しかし、対中ＯＤＡが日本の対中カードになるのであれば、もう要らないという反応が圧倒的に多いのですね。

実際に、この四月に対中ＯＤＡの提供決定の延期が発表されると、中国国内からは、「我々はすぐに声明を発表しよう、いらないと表明しようじゃないか」という声が出たのです。また、対中ＯＤＡは近年、大幅に減額していますし、むしろ中国から日本への返済額の方が上回っている状況になっています。

ここで言いたいのは、せっかく東洋的な美談があり、二十五年以上にわたる供与でいい影響を残してきましたし、感情的に対応するのではなく、両国関係の今後を考えて、うまく卒業してそして新しい協力関係に移行していくべきだ、ということです。おっしゃることは充分に分かるのですけれども。

上村●でも、もしそういう風に考えるのだったら、中国はＯＤＡを受けながら自分たちのお金をどんどんアフリカとかの国に送って、それを外交カードに使って、日本の国連安保理入りを潰しにかかったわけですから。そんなきれい事の世界では、全然ないと私などは思いますけれどね、その部分について言うとね。

朱●対中ＯＤＡはただ上に立つ人が下に立つ人への恵みではないし、資金援助を受けながら対外援助を行っている国はインドを含めて多くありますし、中国は別に異例なことをやっているわけではないと思います。中国は今、世界一位の外貨準備を持つ国になったので、今後、途上国への資金援助を一段としていくとも予想されますね。

上村●だからね、もう昔のように、友好だ友好だとお互いにきれい事だけでやりましょうと言ったって、もうお互いの手の内は見えてしまっているわけです。お互い、もっとドライな関係でやって行きましょう、と言っているわけです。

朱●その点は全く賛成ですけれども。

上村●感情に配慮して、ODAをどうのこうのとかいうようなことは……。

要するに、日本が中国のことを考えているならば、こういう風に配慮しなさいというような発想自体が、もうこれからは違うんだと思うのです。一方の国を中心に考えるのではなく、お互いに自分の国に必要なこと、自分の国のなすべきことを考えた上で、戦略的にもっとドライに付き合いましょうと言っているのです。

日本はもっと、中国のことを理解してODAを考えなさい、と言うのではなくて。お互いにとってこれが必要かどうかというのを、もっとドライに計算して話し合って関係を作り直さないと、再調整しないと、これから十五年間大変ですよ、と言っているわけです。日中関係を再構築するという観点から考えるべきだと言っているのです。

朱●ですからもうかつてのODAをいかに進学させていくかという話でね。基本的趣旨は同じだと思うのですけれども。中国は依然として、いっぱい問題を抱えているのですけれど、遅れた国だから支援するという図式は卒業しようとしています。

上村●もう、ないんです。

朱●それはその通りです。

——また激しい争いが起きました。

朱●そこは話が、ちょっとかみ合わなかった。

上村●だから最後は多分違うのですよ、お互いの考え方が。私はだから、日中友好はもう違う環境を作らないとダメだという風に思っているのです。友好なんてべたべたした偽善的な言葉を使っていても、問題は解決しないと思うのです。日中関係を再調整して、もっと戦略的でドライな……。

朱●問題は日本が長期戦略を立てられるのか、そういう関係を作っていけるかどうかですね。

新しい関係を目指して

朱　日中関係の将来を考えて、もう少し草の根の交流の話をしましょう。日本の大学に留学に来ている諸外国の留学生のうち、実は六割以上は中国からの留学生です。日本の大学で博士号を取って中国に戻った留学生は少なくとも三千人いるといわれています。このような文化交流は必ずいつか実を結んでいくと信じています。

一方、九〇年代から、日本の大学で中国語を勉強する日本人学生も相当増えました。各大学とも中国語を教える教員を確保しています。僕は八六年に日本に来たのですが、当時は中国語を勉強する人は、フランス語、ドイツ語よりはるかに少なかったんですね。

上村　ここ二十年で様変わりしましたね。当時から見たらもう十倍ぐらいに増えてますかね。

朱　そうですね。

上村　昔はブームだったんですよ。中国ブームのようなものがあった。でもこれからはブームではないレベルで、地に足をつけて勉強するようになるのでしょう。

朱　まあそういう意味で、何のために中国語を勉強するのか、ということを改めて考える一つの転換点ですね。

上村　これからは、なぜ中国を勉強するのかというより、そんなこと考えるまでもないというような、ごく当たり前の光景として勉強する時代になると思います。アメリカ経済圏と中国経済圏というものが、日本にとっては重要になりますから。いずれ大学生は、ビジネスを考える人は英語と中国語の両方を勉強するのが当たり前という、それくらいのところまで動いていくかもしれない。

朱●うちの大学はもともと欧米文化や英語の勉強が中心でしたが、今はアジア関係の課目を大幅に増やしています。中国語を習う学生は五倍以上は増えていますね。

上村●だって今はもう日本の対外貿易の二〇%は中国、一五%がアメリカですからね。それでもうほとんど四割ですから。多分五割近くまで行きますから。

日中貿易についてみますと、私は二〇〇三年に中国に二度目の赴任をした時に、経済が大変伸びている、貿易が伸びているというので改めて驚きました。〇二年に日中貿易が千億ドルを突破したのですね。九〇年代半ばに北京にいて、貿易が五百億ドルを超えたと聞いて、大変なことだと思いましたが、もはやそんなレベルではなくなっていた。

しかもそれだけではなくて、日本の主要基幹産業はほとんど中国に投資していて、工場をどんどん移していった。

そういうことで、もう日中の経済関係というのは、一体とまでは言いませんけれど、かなり強固になった。家電、エレクトロニクス、機械、自動車、繊維、鉄鋼、化学、素材産業が生産拠点を全部、まあ全部じゃないですけれど、かなりの部分を中国にシフトした。

しかも日本の対外貿易は、これまでずっとアメリカとの貿易が最大だったわけですね。ところが〇四年から、中国がそれを上回った。つまり日本にとって一番大きい貿易相手国は、中国になったわけですね。

これはだから、靖国問題で日中の政治関係が冷え込んでいる中で、あまり注目されなかったのですけれど、実を言うとアジアもしくは世界の中で、非常に大きな構造変化が起きていたわけですね。単なる「中国特需」といったレベルではない、もっと大きな地殻変動が起きていた。

朱●経済関係では運命共同体的な様相も呈してきたので、逆説的ですが、政治的ケンカをしても簡単に壊れない経済関係になったし、ケンカしても経済・文化交流関係まで直ちに大きな悪影響が出ないという変な安心感が生まれているのではありませんか。

上村●ずっと仲が悪いわけにはいかないですからね。今の反中ブームもまた、ブームですから。まあ、ブームというのは波があるものですから。逆に言うと、過去にあった中国ブーム自体も、現実とは別の次元のものだったのかもしれない。

朱●そうですね。十年後は逆にもうブームとは言えないようになっているかもしれないですね。

上村●それから私なんかよく思うのですけれども、グローバルないわば地球レベルで考えると、むしろ日本と中国がこのようにして、いわば今までにないようなぶつかりあいをすることによって、世界中から逆に注目されているのです。結果としては。

アメリカのホワイトハウスあたりから、「日中関係はどうなっているんだ、どうして悪化させるのか、お前何とかしてくれよ」という意向が日本に伝えられる。それもある意味では日本と中国の関係が、アメリカの国益にも影響があるのだという、それほど重要なものになったわけです。日中関係は最早、国際政治の重要課題になっている。

朱●それは日中双方にとって同じですよ。去年の反日デモをめぐって両国内で感情的な対立がありましたね。結果的にはそれを通じて、互いに「相手の国では一体どうなっているのだ」と考えるきっかけを作り、相互理解を深めるプロセスの一環になっていますね。

上村●何度も言いましたけど、あと十年もしないうちに、日本と中国の経済規模が並ぶのですよ。どちらもGDPが総額五兆ドルぐらいになって、日本と中国は並んで、世界で二位、三位ですよね。中国の方が二位になる。アメリカは一位で。

そうするとアメリカと日中を足すと、それだけで世界の経済の半分近くを押さえてしまう。すごいことですよね。そして中国の台頭の次に、インドやロシア、ブラジルの台頭も続く。

もう、日米中が事実上、世界の経済を左右する。今の我々が見ている世界と、十年後の世界は、激変しているわけですよ。日米中とEUで経済サミットを開かないといけないかもしれない。

世界は、国際社会は既にそれを見ている。中国の台頭というのが国際社会に強くアピールされ、中国の存在感が圧倒的に大きくなってきた。国際的規模でパワーシフトが起きている。海外のメディアで、そういった見方の記事、特集がどんどん出ている。

だからみんなびっくりするわけですよ。驚異の経済力を持つ日本と中国という二つのパワーが、どうして靖国問題という、外からはよくわからない問題でこんなにねじれているのか。彼らの予期していたのと別のところで、全然予想できなかった問題が深刻化するから、驚いてしまう。

我々はそういったところを、これまであまり意識してこなかったのです。しかし、国際社会はそう見ている。日本でもそろそろ、そういった議論が行われるのでしょうけどね。

そうした中で、さっきも言いましたけれど、日本と中国はどういう風に付き合っていくのかという問題を考えないといけない。新しい事態になったのだから、新しい発想で考えないといけない。

そこのところの議論を、きちんとしておかないと。今はそのための過渡期だから当然摩擦は起きるのだけれど、そちらにまで視野を広げた方がいいですよね。

時間が経つのは早いですから。ひょっとしたら、あと十年もないかもしれない。ですから今から準備しなければいけないのに、両国ともまだ準備しているようには見えない。

小泉さんも色々、考えてはいたんでしょうけどね。次の首相の時代には、本格的な議論を起こしてもらいたいものです。

朱 ●十年、二十年後になって振り返ると、日本と中国は何であんなつまらないことでケンカしたのだろうと不思議に思われるのかもしれません。我々はこのような長期的な展望を持ちながら、目の前の誤解や紛争を一つ一つクリアしていくべきですね。

あとがき

かつての中国は貧しかった。それはもう信じられないくらい貧しかった。首都北京ですら、穴のあいた布靴をはいている人がやたらに多かった。

中国を代表する有名な女優さんは日本に着て行くよそ行きのコートがなくて、所属する劇団から借りてやってきた。それをみんなで使い回したから、日本に来る女優さんはいつもみんな同じコートを着ていた。

かつて日本人は中国が好きだった。中国に旅行したことのある人がほとんどいないのに、国民の七割が中国を好きだと答えていた。パンダはちょっとしたアイドルで「友好的な」中国のシンボルだった。「死ぬまでに一度でいいから、シルクロードに行って見たい」という人がいた。

どちらもほんの少し前、一九八〇年代前半の話である。だからわずか二十年で、中国がこれほど豊かになるなんて、夢にも思わなかった（まあ、大部分の農村はまだ貧しいのだけれど）。日本人の七割が中国を嫌いだと答えるようになるなんて、想像もできなかった。

中国もかなり開放されてきたが、そこで本当に何が起きているのか、いまだによくわからないところがある。わからないまま経済成長を続け、圧倒的な存在感を持つようになってきた。

だから日本人にとって、どんどん得体の知れない存在になっているのだろう。二〇〇五年の反日デモによって、それはある種の恐怖感に変わったかもしれない。

一方の中国は中国で、いまだに過去の日本、戦前の日本しか想像できないでいるようだ。少し意地悪にみるなら、革命後の宣伝教育でたたきこまれた（洗脳された？）日本像に、いまもしばられているように思える。

日本のちょっとした議論に「軍国主義の復活だ」と過剰反応し、被害者意識を前面に出してくるのはそのためかもしれない。自分たちがどれだけ巨大化しているのか、あまり自覚できていないように思われる（こういうことを書くと、逆に「過去の歴史を反省していないのか」と言われるかもしれないけれど）。

私自身は、こうした日中両国の国民の意識のずれが、相手に対するとまどい、恐怖、嫌悪を呼び起こしているのではないかと思っている。それがまさに、日中関係の悪化を招いており、日本において「チャイナシンドローム」とでも呼ぶべき現象を作り出しているのではないだろうか。

私は二〇〇五年一月に、毎日新聞にこう書いた。

「日本は戦後六十年、（中国との）摩擦や対立を過度に恐れ、避けよう避けようと懸命になってきた。そろそろ、対立すべき時は対立し、その上でそれを乗り越えるための努力をする時期が来ているように思う」

この考えはいまも変わっていない。だから私は、中国に時に苦言を呈してきた。今回の対談でも、思っていることを存分に述べさせてもらった。時に激しい言い合いになったし、メディアをめぐる論議ではやや感情的になったかもしれない。

しかし、そうしなければ、事態はどんどん悪化していくように思えるのである。相手と対等の立場でけんかしなければ、積み重なってきた誤解を解くこともできないのではないかと思うのである。

中国はいつまでも被害者であり、途上国なのだから、日本が謝っておきなさいという発想自体が、おかしいのではないか。中国と中国の人たちをばかにしていることになるのではないだろうか。そろそろ中国を、国際社会における責任ある大国として扱う時期に来ているのではないか。

そういう考えに立って、今回の対談でも私は朱建栄さんと何度も対立した。そしてそのおかげで、いくつもの新しい発見を得ることができた。日本で紹介されたことのない情報、視点をいくつも提供できたと思っている。

とりわけ、中国の内政については、かなり深いレベルの話が出来たと考えている。日中関係をこれだけ全面的に、総合的に検証したものはそうないのではないかと自負している。

朱建栄さんとは古いつきあいである。朱さんの書いた『毛沢東の朝鮮戦争』（岩波現代文庫）は、朝鮮戦争の謎を中国側の資料によって分析した名著で、私はいまもその時に受けた衝撃を忘れることができない。

単に資料を読むだけの学者ではなく、自分で新しい資料を集め、情報を集める人だということがよくわかった。彼ほど中国の複雑な事情を、日本語で的確に説明できる研究者は他にはいない。

そうしたいきさつもあって、私は何度も朱さんに話をうかがった。日本の多くのメディアの中国担当者が、朱さんにインタビューしたがるのも、同じような事情による。今回こうして、その朱さんと対談と言う形で話ができて、光栄に思っている。

私たち二人の議論が、本という形で出版にこぎつけることができたのは、駿河台出版社の石田和男さんのおかげである。

石田さんとは、国際メディアフォーラムで知り合った。このフォーラムに、私とニューヨークタイムズ東京支局のノリミツ・オオニシ記者が招かれ、講演をする機会があったのである。

その席で、石田さんから「中国問題をさらにじっくり話し合ってみませんか」と誘われ、この本の企画がスタートした。この場を借りて、石田さんに謝意を伝えるとともに、私たちを引き合わせてくれた、国際メディアフォーラムの世話人、マルク・ベリボー（Marc Béliveau）ケベック州政府在日事務所広報参事官にもお礼を言いたい。

この本によって、少しでも多くの日本人、できたら中国の人にも、お互いの実像をより深く理解してもらえたらと思う。お互いの視点がどれくらい偏っているのかを、考えるきっかけにしてもらえたらと思う。日中両国のつきあいは、これからも続くのだから。というより、これからむしろ本格的なものになっていくのだから。

二〇〇六年六月

上村幸治

チャイナシンドローム
――日中関係の全面的検証

２００６年８月１日　初版第１刷発行
著者　朱建栄／上村幸治
発行者　井田洋二
発行所　株式会社　駿河台出版社
東京都千代田区神田駿河台３丁目七番地　〒１０１―００６２
電話　０３―３２９１―１６７６（代）
FAX　０３―３２９１―１６７５
振替東京　００１９０―３―５６６６９
http://www.e-surugadai.com
製版所　株式会社フォレスト
印刷所　三友印刷株式会社

ISBN4-411-00371-6 C0031　￥1600E